中国旅游统计年鉴
THE YEARBOOK OF CHINA TOURISM STATISTICS

2009

中华人民共和国国家旅游局
NATIONAL TOURISM ADMINISTRATION OF
THE PEOPLE'S REPUBLIC OF CHINA

1980~2008 年入境旅游人数和国际旅游（外汇）收入增长速度

ANNUAL INCREASING RATES OF VISITOR ARRIVALS AND TOURISM RECEIPTS 1980-2008

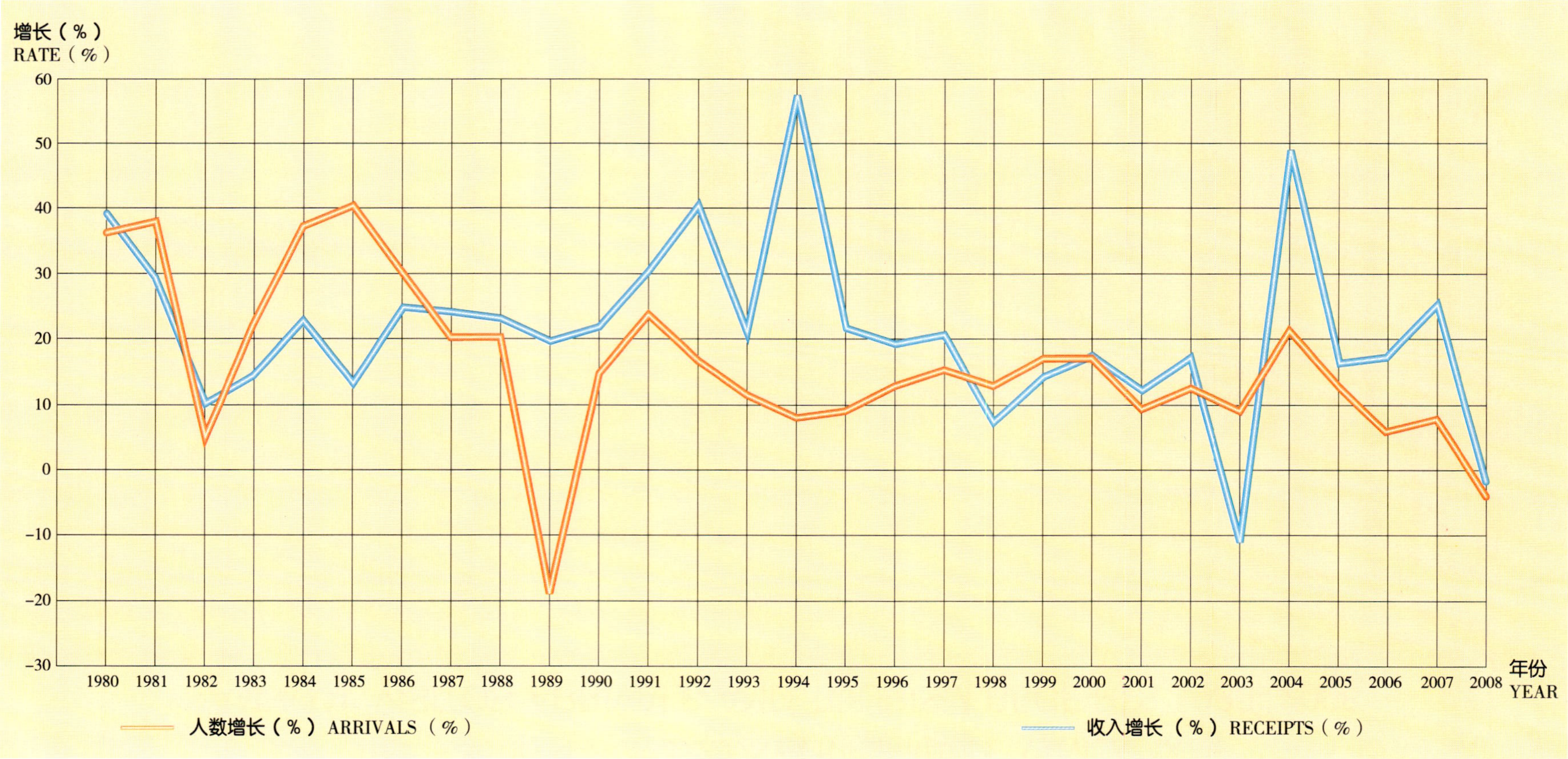

1995~2008 年旅游业总收入

TOTAL INCOME OF CHINA'S TOURISM INDUSTRY 1995-2008

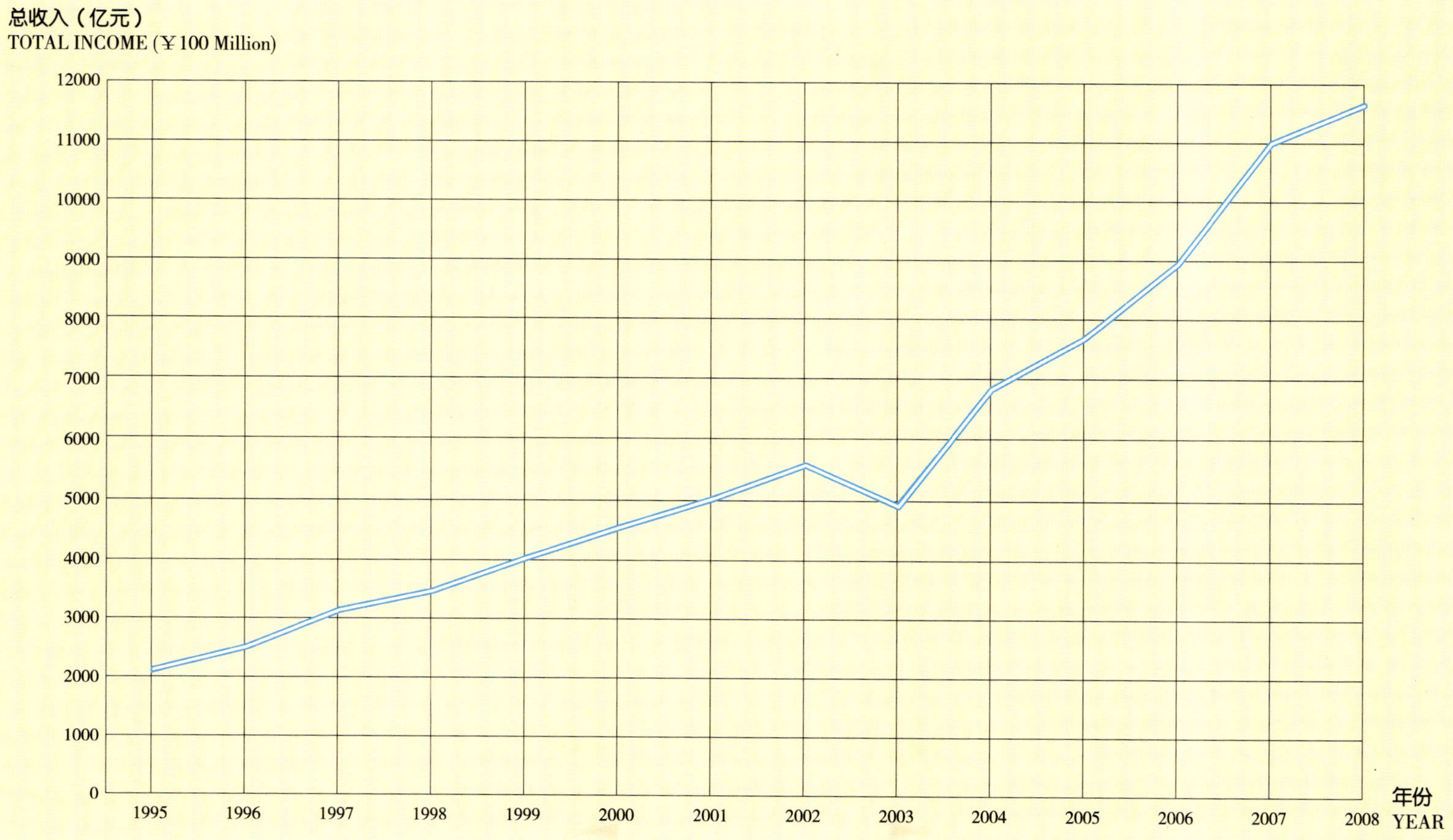

2007~2008 年主要国家入境旅游人数
FOREIGN VISITOR ARRIVALS FROM THE MAIN GENERATING COUNTRIES 2007-2008

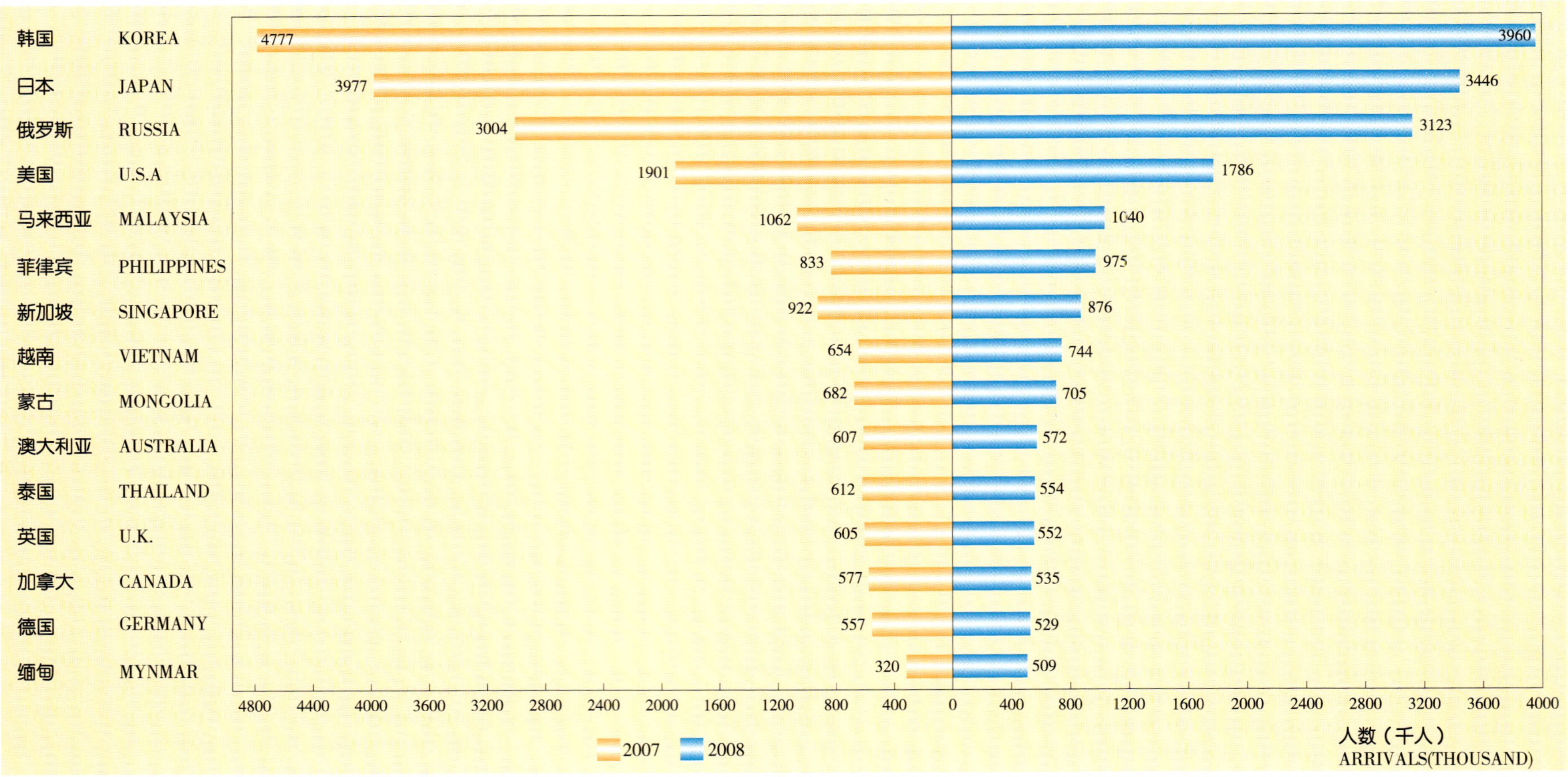

2006~2008 年各月入境外国游客人数
MONTHLY FOREIGN VISITOR ARRIVALS 2006-2008

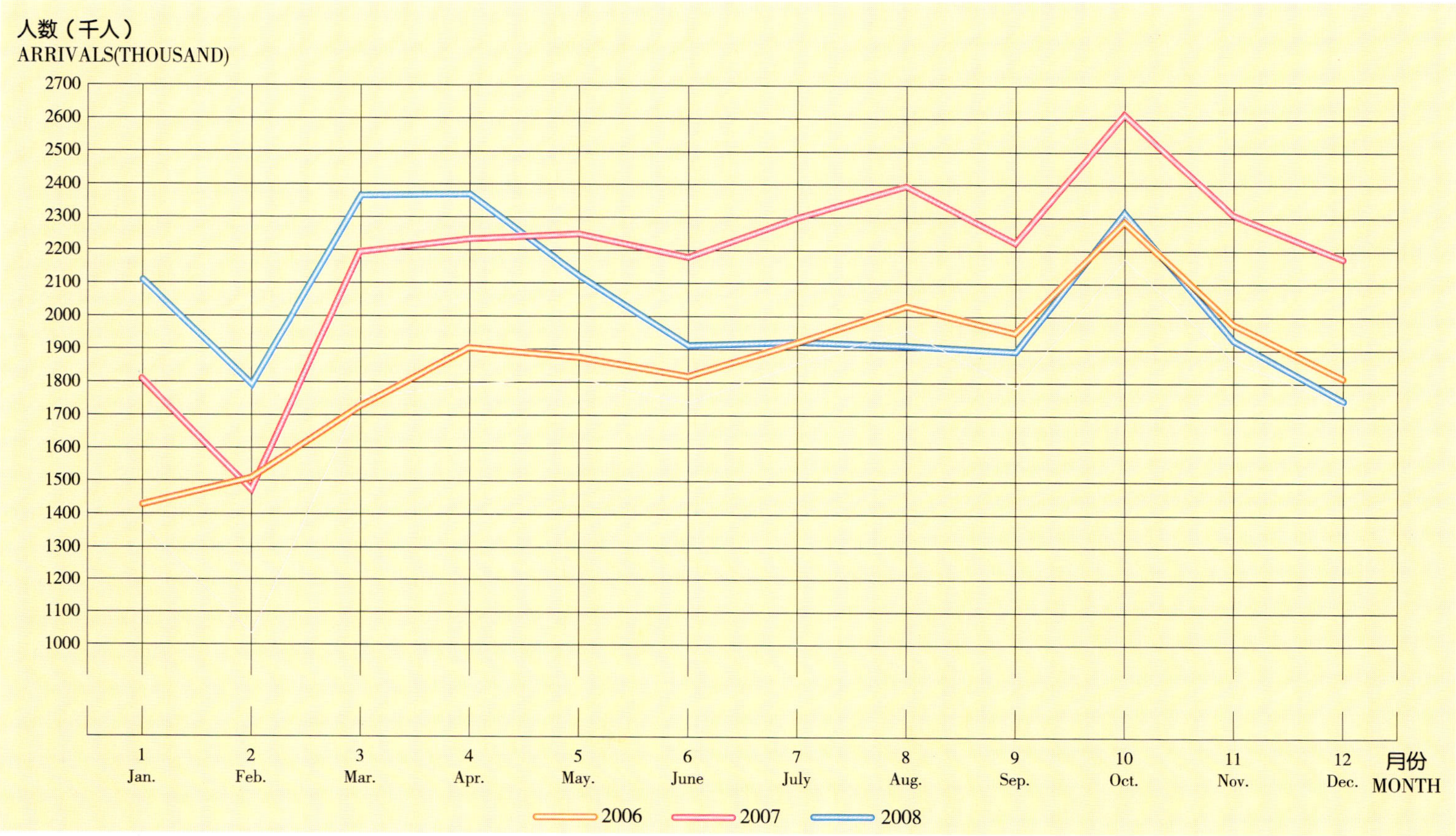

2008 年主要城市接待入境旅游者人数
ARRIVALS TO MAJOR CITIES 2008

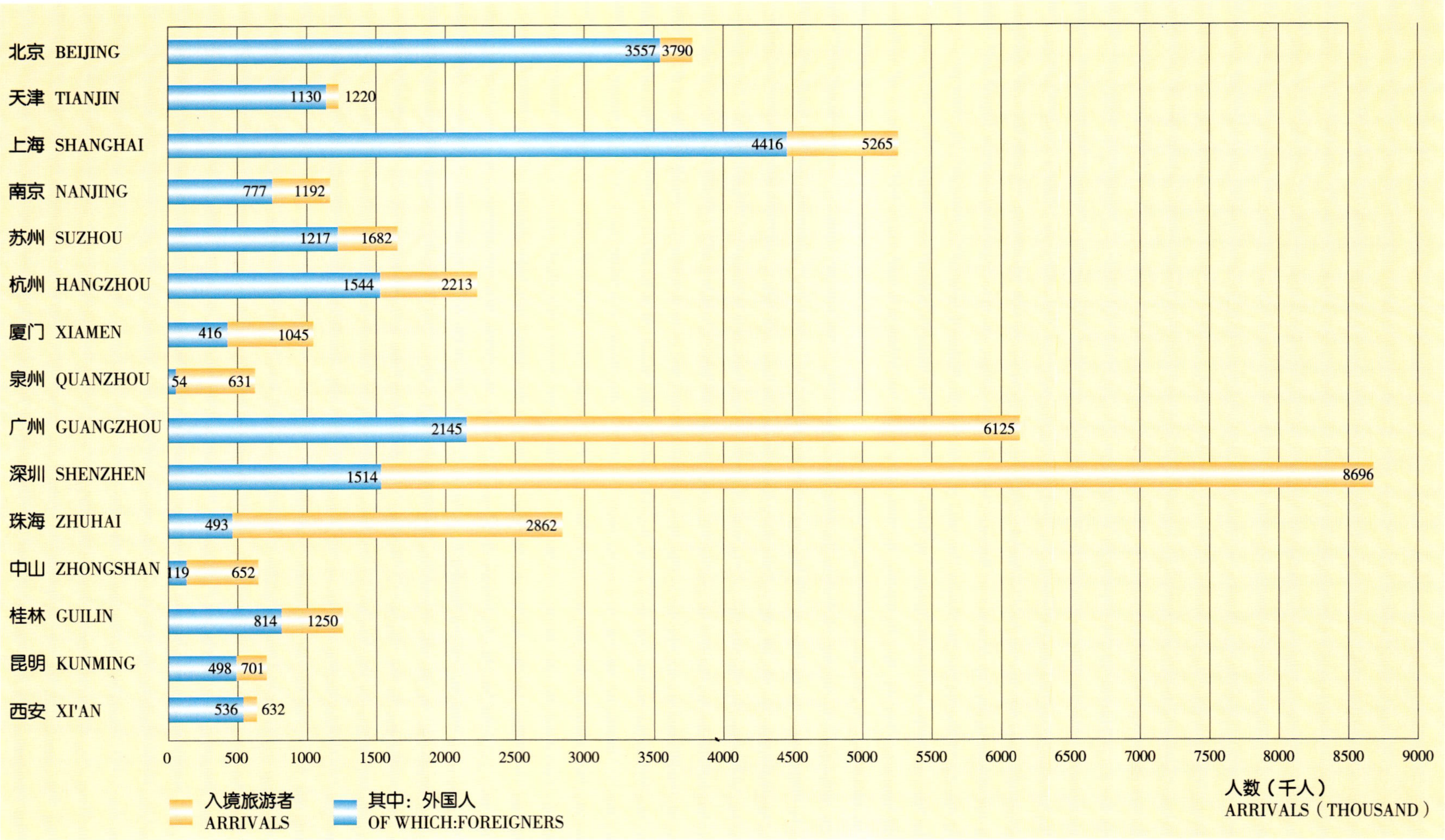

2008 年入境外国游客人数构成（按地区分）
BREAKDOWN OF FOREIGN VISITOR ARRIVALS BY REGION 2008

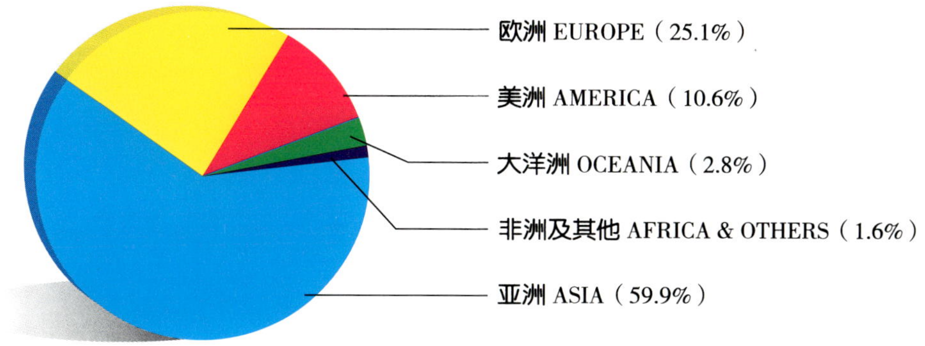

2008 年入境外国游客人数构成（按入境方式分）
BREAKDOWN OF FOREIGN VISITOR ARRIVALS BY MODE OF TRANSPORT 2008

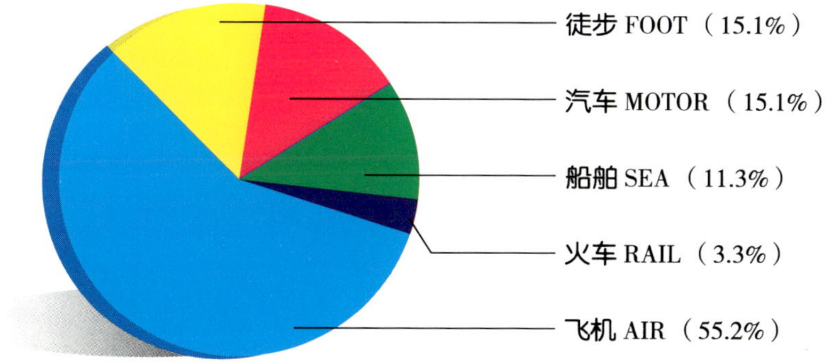

2008 年入境外国游客人数构成（按年龄分）

BREAKDOWN OF FOREIGN VISITOR ARRIVALS BY AGE 2008

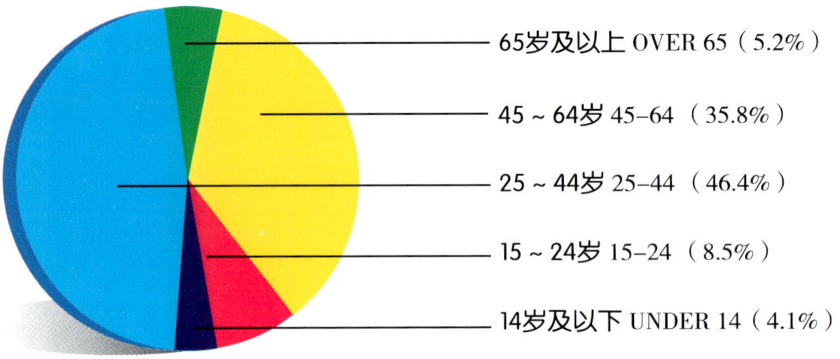

2008 年入境外国游客人数构成（按目的分）

BREAKDOWN OF FOREIGN VISITOR ARRIVALS BY PURPOSE 2008

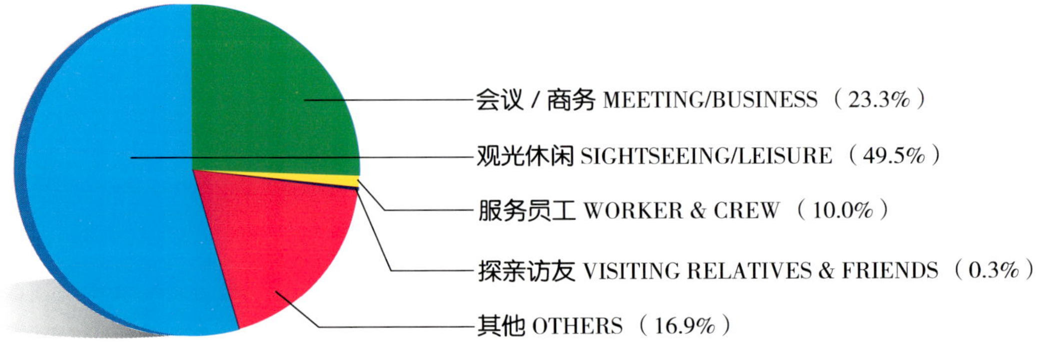

2008 年国际旅游（外汇）收入构成
BREAKDOWN OF INTERNATIONAL TOURISM RECEIPTS 2008

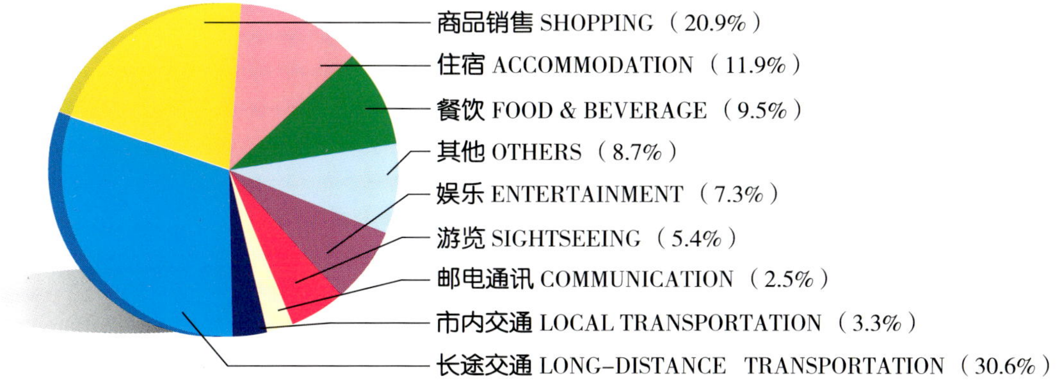

2008 年国际旅游（外汇）收入（按来源分）
INTERNATIONAL TOURISM RECEIPTS 2008

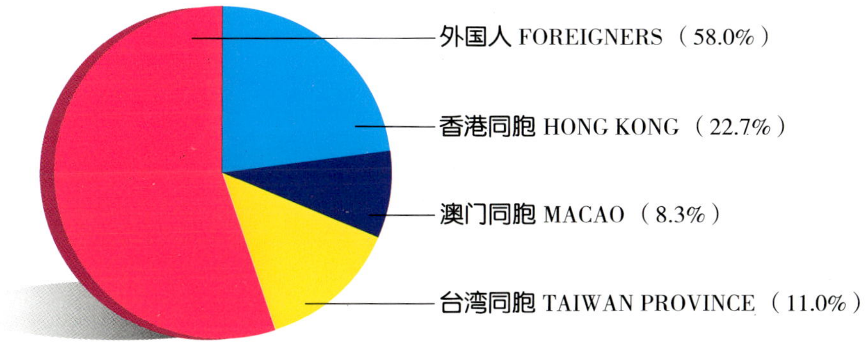

1992~2008 年星级饭店数及客房数
NUMBER OF STAR-RATED HOTELS & ROOMS 1992-2008

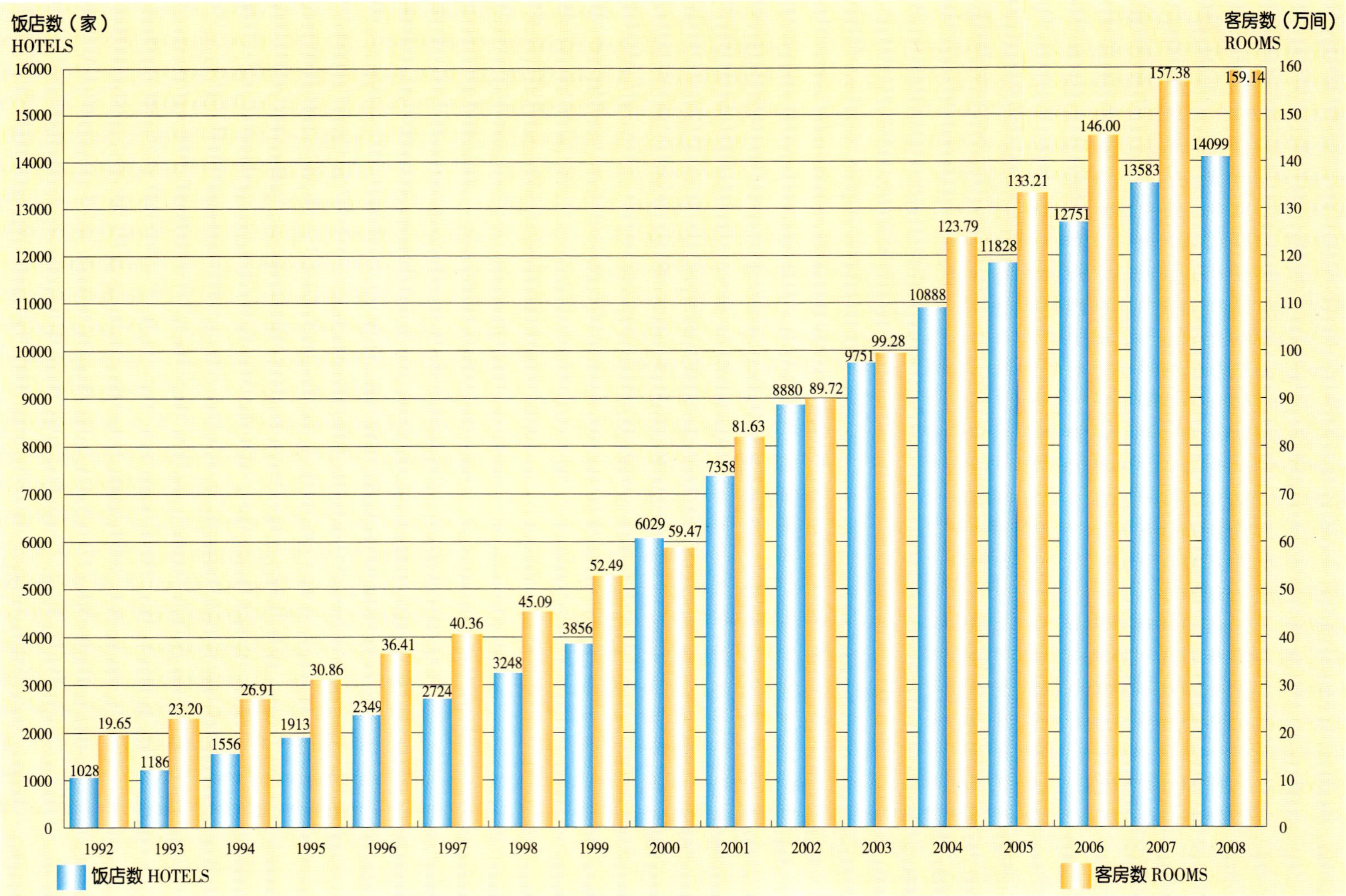

2008 年不同星级饭店的数量及客房数

NUMBER OF DIFFERENT STAR-RATED HOTELS & ROOMS 2008

编 者 说 明

《中国旅游统计年鉴 2009》是一本全面反映 2008 年中华人民共和国旅游业发展情况的资料性年刊。全书为中英文对照版本，内容分为：2008 年中国旅游业统计公报和入境旅游人数、入境外国游客主要特征、国际旅游（外汇）收入、国内旅游基本情况、地方接待入境旅游者情况、星级饭店基本情况、旅行社基本情况、旅游企事业单位基本情况等共八个部分的统计资料。

本年鉴所附的《旅游统计基本概念和主要指标解释》，是对主要旅游统计指标的含义、统计范围和统计方法所作的简要说明。

本年鉴资料来源于全国各地旅游部门、统计部门和公安边检等部门。全国统计数据均未包括我国台湾省、香港特别行政区和澳门特别行政区的数字。本年鉴的统计数字是按国家旅游局和国家统计局联合制定的《旅游统计调查制度》规定的口径进行统计和汇总的，个别特殊的地方做了注释和说明。在编辑过程中，我们对 2008 年各月的数字进行了核实、调整，读者在使用时如发现已经公布的统计数字与本年鉴数字不符，则以本年鉴数字为准。

本年鉴是了解中国旅游业 2008 年发展情况的权威性资料，可供旅游部门、国民经济各有关部门、教学科研单位以及旅游经济的科研人员、大专院校师生使用。海外旅游业同行、有关行业内人士以及入境旅游的外国人、港澳台同胞亦可从中得到有关统计信息。本年鉴中凡带有续表的资料，如有注解均加在第一张表下面，请读者使用时注意。表中有“#”号者表示为该栏的主要项或其中项；有“＊”号者表示本表下有注解；空格处表示该项数据不详或以前年份无该数据。统计表下注有资料来源单位，未注明的均为国家旅游局提供。

中国旅游统计年鉴编委会

二〇〇九年十月

INTRODUCTION

The Yearbook of China Tourism Statistics for 2008 is a yearly review with information on the overall development of the tourism industry in the People's Republic of China in 2008. Written in English and Chinese, the information in this Yearbook covers eight aspects: Statistics Report on China's Tourism Industry in 2008 and visitor arrivals to China, major profile of international visitors to China, international tourism receipts, domestic tourism, business of different regions, business of star-rated hotels, business of travel agencies, travel enterprises and non-business institutions.

A note to the Index of Major Statistic Terms is attached at the end of the Yearbook, which gives a brief explanation of the meaning of main toruism statistics, scope and method of data-collecting.

The data of the Yearbook come from the tourism departments, statistical departments, and ports of entry and exit of public security departments throughout the country. The statistics of Taiwan Province, Hong Kong Special Administrative Region and Macao Special Administrative Region are not included. All the data are processed and compiled in line with the requirements set forth in the tourism statistics reporting system jointly formulated by the National Tourism Administration and the State Statistics Bureau, and explanatory notes are provided in some special cases. Re-check and re-adjustments have been made to the figures of each month in 2008, and if some inconsistency is found between the published figures and the figures in this Yearbook, the latter should be taken as authentic.

This Yearbook provides authoritative data on the development of China's tourism industry in 2008, which is useful to tourism departments, relevant departments of the national economy, education and research institutes, and students and teachers. The overseas travel trade, relevant people of the industry and foreign tourists to China, compatriots from Hong Kong, Macao and Taiwan can also benefit from this Yearbook.

In the Yearbook, wherever a table is contiuned on the next page, footnotes are given on the first page. The mark "#" denotes headline entry, while the mark

" * " leads to footnotes. A blank cell means relevant data unclear or the relevant figure for previous years not available. Sources of the data are acknowledged beneath the table. All the unacknowledged data are provided by the National Tourism Administration.

Editing Committee of
the Yearbook of China Tourism Statistics
October, 2009

目　　录

CONTENTS

2008年中国旅游业统计公报

国　家　旅　游　局

（2009年9月）

2008年，我国旅游业连续遭受金融危机和各种突发事件、不利因素的冲击，经受了前所未有的考验。面对严峻的旅游市场形势，全国旅游行业克服困难，总体上保持了平稳发展。全年共接待入境游客1.30亿人次，实现国际旅游外汇收入408.43亿美元，分别比上年下降1.4%和2.6%；国内旅游人数17.12亿人次，收入8749.30亿元人民币，分别比上年增长6.3%和12.6%；中国公民出境人数达到4584.44万人次，比上年增长11.9%；旅游业总收入1.16万亿元人民币，比上年增长5.8%。

一、入境旅游业实绩

——入境旅游人数13002.74万人次，比上年下降1.40%。其中：外国人2432.53万人次，下降6.8%；香港同胞7835.01万人次，增长0.5%；澳门同胞2296.63万人次，下降1.0%；台湾同胞438.56万人次，下降5.2%。

——入境过夜旅游者人数5304.92万人次，比上年下降3.1%。其中：外国人1970.41万人次，下降7.9%；香港同胞2566.86万人次，增长1.1%；澳门同胞387.90万人次，下降0.8%；台湾同胞379.75万人次，下降5.6%。

——国际旅游（外汇）收入408.43亿美元，比上年下降2.6%。

二、国内旅游业实绩

——全国国内旅游人数达17.12亿人次，比上年增长6.3%。其中：城镇居民7.03亿人次，农村居民10.09亿人次。

——全国国内旅游收入8749.30亿元人民币，比上年增长12.6%。其中：城镇居民旅游消费5971.75亿元，农村居民旅游消费2777.55亿元。

——全国国内旅游出游人均花费511.0元，比上年增长5.9%。其中：城镇居民国内旅游出游人均花费849.4元，农村居民国内旅游出游人均花费275.3元。

——在春节、“十一”两个“黄金周”中，全国共接待国内游客2.65亿人次，实现旅游收入1189亿元。

三、入境旅游客源市场情况

1. 外国市场

2008 年，外国入境市场受到影响最大，与上年相比，各洲来华人数均有不同幅度的下降。全年入境外国游客 2432.53 万人次，比上年下降 6.8%。

——亚洲市场依然独大，占入境外国人总数的 59.9%，亚洲各国入境总人数比上年下降 9.4%。其中：韩国继续位列第一大入境客源国。

——洲际市场同样遭受影响。欧洲、美洲、大洋洲和非洲入境人数与上年相比，分别下降 1.5%、5.1%、5.5% 和 0.2%。

——外国入境过夜旅游者停留天数和人均天花费较上年持平或有所增加。2008 年，外国入境过夜旅游者在境内平均停留时间为 7.0 天，与上年持平；人均天花费为 200.43 美元，比上年增加 4.04 美元，同比增长 2.1%。

16 个主要客源国 2008 年的入境旅游人数和增长情况如下：

序号	国家	入境旅游人数（万人次）	比上年增长（%）
1	韩国	396.04	-17.09
2	日本	344.61	-13.36
3	俄罗斯	312.34	3.98
4	美国	178.64	-6.04
5	马来西亚	104.05	-2.02
6	新加坡	87.58	-5.01
7	菲律宾	79.53	-4.53
8	蒙古	70.53	3.42
9	澳大利亚	57.15	-5.90
10	泰国	55.43	-9.38
11	英国	55.15	-8.85
12	加拿大	53.47	-7.36
13	德国	52.89	-4.99
14	印度	43.66	-5.58
15	法国	43.00	-7.21
16	印度尼西亚	42.63	-10.66

2. 港澳台地区市场

2008 年，香港和澳门市场基本保持与上年持平，而台湾市场受影响略大。

——2008 年，香港市场入境人数为 7835.01 万人次，比上年增长 0.5%。

其中：过夜旅游者2566.86万人次，比上年增长1.1%，占32.8%；一日游人数5268.15万人次，比上年增长0.2%，占67.2%。

——2008年，澳门市场入境人数2296.63万人次，比上年下降1.0%。其中：过夜旅游者387.90万人次，比上年下降0.8%，占16.9%；一日游人数1908.74万人次，比上年下降1.0%，占83.1%。

——2008年，台湾市场入境人数438.56万人次，比上年下降5.2%。

四、各省、自治区、直辖市入境旅游接待与收入情况

——2008年，全国各省、自治区、直辖市接待的入境旅游者总计为7500.75万人次，比上年增长2.6%。接待量超过50万人次的有广东、江苏、浙江、上海、北京、福建、山东、云南、辽宁、广西、黑龙江、内蒙古、安徽、陕西、天津、湖北、湖南、河南、山西、重庆、江西、河北、海南、四川、吉林等25个省（区、市）。广东省接待入境旅游者2567.97万人次，继续居全国第一位。

——2008年，全国各省、自治区、直辖市接待的外国旅游者总计为4242.90万人次，比上年增长0.8%。接待量超过40万人次的有广东、上海、江苏、浙江、北京、辽宁、山东、黑龙江、云南、内蒙古、广西、天津、福建、陕西、湖北、安徽、重庆、湖南、河南、河北、山西、海南、吉林、四川等24个省（区、市）。广东省接待外国旅游者608.82万人次，继续居全国第一位。

——2008年，国际旅游（外汇）收入超过1亿美元的有广东、上海、北京、江苏、浙江、福建、辽宁、山东、云南、天津、黑龙江、陕西、湖南、广西、内蒙古、安徽、重庆、湖北、河南、海南、山西、河北、江西、吉林、四川、新疆、贵州等27个省（区、市）。广东省的旅游（外汇）收入达91.75亿美元，继续居全国第一位。按外汇收入多少排列，31个省、自治区、直辖市的具体情况是：

序号	地区	国际旅游（外汇）收入（万美元）	增长（%）	接待入境旅游人数（万人次）	增长（%）
1	广东	917 498	5.4	2 567.97	4.4
2	上海	497 172	6.4	526.47	1.2
3	北京	445 913	-2.6	379.04	-13.0
4	江苏	388 020	11.9	544.30	6.2
5	浙江	302 408	11.7	539.67	5.6
6	福建	239 353	10.3	293.19	9.1

7	辽　宁	152 618	24.3	241.87	20.9
8	山　东	139 110	2.9	253.67	1.6
9	云　南	100 755	17.2	250.22	12.8
10	天　津	100 139	28.6	122.04	18.2
11	黑龙江	86 995	35.4	200.61	41.9
12	陕　西	66 011	7.8	125.73	2.1
13	湖　南	61 742	-3.9	111.02	-7.9
14	广　西	60 166	4.3	201.02	-2.2
15	内蒙古	57 719	5.9	154.93	3.7
16	安　徽	45 445	32.1	132.09	24.1
17	重　庆	44 978	17.6	87.19	14.5
18	湖　北	44 255	7.2	118.75	-9.9
19	河　南	37 444	17.7	104.36	18.5
20	海　南	31 388	4.1	70.65	-6.2
21	山　西	30 065	35.6	93.93	27.3
22	河　北	27 395	-11.4	75.02	-8.3
23	江　西	25 170	28.7	80.21	20.7
24	吉　林	21 144	17.9	61.73	13.6
25	四　川	15 388	-70.0	69.95	-59.1
26	新　疆	13 578	-16.1	36.32	-17.2
27	贵　州	11 697	-9.4	39.54	-8.1
28	西　藏	3 112	-77.0	6.80	-81.4
29	甘　肃	1 603	-77.2	8.32	-74.9
30	青　海	1 015	-36.2	2.99	-40.3
31	宁　夏	301	15.3	1.16	23.6

五、主要城市入境旅游接待与收入情况

——2008年，接待入境旅游者人数超过20万人次的城市有深圳、广州、上海、北京、珠海、杭州、苏州、桂林、天津、南京、厦门、大连、重庆、黄山、青岛、宁波、昆明、中山、福州、西安、泉州、无锡、武汉、三亚、沈阳、成都、长沙、烟台、温州、洛阳、哈尔滨、郑州、威海、南通、延边、长春、承德等37个，比上年减少2个；另有乌鲁木齐、漳州、太原、秦皇岛、九江、济南、大同、合肥、汕头、南宁、海口、贵阳等12个城市的接待人数超过10

万人次。

——2008年，接待外国旅游者人数超过10万人次的城市有上海、北京、广州、杭州、深圳、苏州、天津、大连、桂林、南京、重庆、青岛、黄山、西安、昆明、珠海、宁波、武汉、无锡、厦门、三亚、沈阳、福州、成都、烟台、威海、长沙、延边、洛阳、温州、南通、哈尔滨、长春、乌鲁木齐、秦皇岛、承德、郑州、太原、大同、中山、合肥、济南、九江、南宁等44个，比上年增加3个。

——2008年，国际旅游（外汇）收入超过1亿美元的城市有上海、北京、广州、深圳、杭州、天津、苏州、珠海、南京、厦门、泉州、大连、福州、青岛、宁波、重庆、桂林、长沙、西安、无锡、沈阳、南通、烟台、三亚、武汉、中山、黄山、昆明、哈尔滨、温州、成都、威海、郑州、漳州、洛阳、长春、秦皇岛等37个，比上年增加1个；另有太原、乌鲁木齐、济南、合肥、连云港、延边、汕头、九江、贵阳、大同、承德、呼和浩特等12个城市的国际旅游（外汇）收入超过5000万美元。上海市的国际旅游（外汇）收入达49.72亿美元，居全国城市第一位。按外汇收入多少排列，37个旅游创汇大市的具体情况是：

序号	城市	国际旅游（外汇）收入（万美元）	增长（%）	接待入境旅游人数（万人次）	增长（%）
1	上海	497 172	6.4	526.47	1.2
2	北京	445 913	-2.6	379.04	-13.0
3	广州	313 036	-1.9	612.48	0.2
4	深圳	270 399	3.1	869.57	4.6
5	杭州	129 610	15.0	221.33	6.1
6	天津	100 139	28.6	122.04	18.2
7	苏州	99 547	12.0	168.23	4.3
8	珠海	94 823	5.1	286.22	1.5
9	南京	87 174	7.9	119.18	2.7
10	厦门	81 865	13.9	104.53	12.1
11	泉州	65 980	33.6	63.08	4.9
12	大连	65 835	13.3	95.00	13.1
13	福州	65 750	9.8	63.94	8.5
14	青岛	50 030	-25.9	80.08	-25.9
15	宁波	46 874	8.8	75.68	9.8
16	重庆	44 978	17.6	87.19	14.5
17	桂林	39 218	8.9	125.02	-2.8

18	长　沙	36 304	19.3	36.90	-22.4
19	西　安	35 956	-33.8	63.18	-36.8
20	无　锡	33 518	-7.5	61.13	-12.0
21	沈　阳	33 009	13.9	47.64	4.5
22	南　通	28 368	14.7	28.00	25.1
23	烟　台	26 708	16.4	35.21	14.5
24	三　亚	26 255	7.6	51.15	-2.0
25	武　汉	25 429	11.4	53.40	0.8
26	中　山	22 702	4.7	65.18	-4.5
27	黄　山	22 014	25.7	81.04	18.2
28	昆　明	20 686	-0.5	70.07	-1.8
29	哈尔滨	18 034	17.7	29.71	10.2
30	温　州	16 109	14.4	31.82	10.1
31	成　都	15 388	-41.1	47.20	-35.9
32	威　海	13 734	10.3	28.83	7.8
33	郑　州	11 823	8.6	29.15	11.3
34	漳　州	11 653	-48.1	19.27	3.2
35	洛　阳	11 051	15.9	30.80	17.6
36	长　春	10 681	19.6	21.70	8.4
37	秦皇岛	10 169	-22.2	18.73	-15.6

六、全国星级饭店的规模和经营情况

2008年，全国星级饭店的总体规模继续保持稳步增长。

——到2008年末，全国共有星级饭店14099家，比上年末增加516家，增长3.8%；拥有客房159.14万间，比上年末增加1.76万间，增长1.1%；拥有床位293.48万张，比上年末减少3.47万张，下降1.2%。

——到2008年末，全国星级饭店共拥有固定资产原值4353.25亿元，比上年末增长1.3%。

——2008年，全国星级饭店的全年平均客房出租率为58.30%，比上年下降2.66个百分点。

——2008年，全国14099家星级饭店营业收入总额1762.01亿元，比上年增长7.0%；上缴营业税118.33亿元，与上年基本持平。

——全国5686家国有星级饭店，2008年共实现营业收入692.81亿元；上缴营业税42.06亿元。

——全国外商和港澳台客商投资兴建的561家星级饭店，2008年共实现营业收入252.61亿元；上缴营业税16.16亿元。

——在14099家星级饭店中：五星级饭店432家，比上年末增加63家；四星级饭店1821家，增加226家；三星级饭店5712家，增加405家；二星级饭店5616家，减少102家；一星级饭店518家，减少76家。

——2008年全国星级饭店规模及其经营情况，具体如下：

	饭店数（家）	客房数（万间）	床位数（万张）	营业收入（亿元）	客房出租率（%）
合　计	14 099	159.14	293.48	1 762.01	58.30
按经济类型划分					
国有企业	5 686	65.46	125.32	692.81	58.23
集体企业	872	7.98	15.53	66.12	56.63
股份合作企业	345	3.49	6.38	33.83	60.82
联营企业	75	1.06	1.86	12.17	57.87
有限责任公司	2 903	35.18	62.52	398.51	58.46
股份有限公司	703	8.93	16.47	98.51	59.92
私营经济	2 643	21.31	38.95	161.03	57.89
其他企业	311	3.57	6.70	46.42	59.49
港澳台投资经济	339	7.30	11.97	144.22	57.65
外商投资经济	222	4.86	7.78	108.40	57.84
按规模划分					
客房数500间以上	129	8.84	14.89	227.96	57.66
客房数300～499间	558	20.48	34.94	356.80	56.79
客房数200～299间	1 135	27.17	48.34	350.44	59.77
客房数100～199间	4 206	57.04	105.48	495.97	59.52
客房数99间以下	8 071	45.59	89.83	330.84	56.80
按饭店星级划分					
五星级	432	15.69	25.35	467.04	57.27
四星级	1 821	36.96	63.97	534.70	59.89
三星级	5 712	64.70	122.05	545.54	58.47
二星级	5 616	39.15	76.85	205.86	57.19
一星级	518	2.64	5.25	8.87	50.97

七、旅行社的规模和经营情况

——到2008年末，全国纳入统计范围的旅行社共有20110家，比上年末增加1167家。其中：国际旅行社1970家，比上年末增加173家；国内旅行社18140家，比上年末增加994家。

——到2008年末，全国旅行社资产总额521.86亿元，比上年增长1.0%；各类旅行社共实现营业收入1665.48亿元，比上年增长1.6%；实际缴纳税金11.29亿元，比上年增长2.9%。

——2008年，全国国际旅行社共招徕入境游客1324.69万人次、5806.21万人天，分别比上年下降3.5%和0.3%；经旅行社接待的入境游客为2032.88万人次、6407.63万人天，分别比上年下降6.5%和增长0.5%。

——2008年，全国旅行社共组织国内过夜旅游者8541.07万人次、25413.99万人天，分别比上年增长1.4%和下降3.7%；经旅行社接待的国内过夜旅游者为10449.62万人次、22966.28万人天，分别比上年下降1.7%和3.3%。

八、出境旅游情况

2008年，我国公民出国（境）旅游市场继续快速发展，旅游目的地不断增加，其中赴台游发展迅速。

——2008年，我国公民出境人数达到4584.44万人次，比上年增长11.9%。其中：因公出境571.32万人次，比上年下降5.3%；因私出境4013.12万人次，比上年增长14.9%。出境第一站按人数排序，列前十位的国家和地区依次是：香港、澳门、日本、越南、韩国、俄罗斯、美国、新加坡、泰国、马来西亚。

——2008年，经旅行社组织出境旅游的总人数为1090.91万人次，比上年增加103.49万人次，增长10.5%，其中：组织出国游603.55万人次，比上年增长20.2%；组织港澳游487.36万人次，比上年增长0.5%。另外共组织边境游42.93万人次，比上年减少6.3%。

——截至2008年底，除香港、澳门两个特别行政区和台湾省外，已有92个国家和地区成为我国公民出境旅游目的地。按市场正式启动的先后顺序，这些国家和地区分别是：泰国、新加坡、马来西亚、菲律宾、韩国、澳大利亚、新西兰、日本、越南、柬埔寨、缅甸、文莱、马耳他、印度尼西亚、土耳其、埃及、尼泊尔、德国、印度、马尔代夫、斯里兰卡、南非、克罗地亚、匈牙利、巴基斯坦、古巴、希腊、法国、荷兰、比利时、卢森堡、葡萄牙、西班牙、意大利、奥地利、芬兰、瑞典、捷克、爱沙尼亚、拉脱维亚、立陶宛、波兰、斯洛文尼亚、斯洛伐克、塞浦路斯、丹麦、冰岛、爱尔兰、挪威、罗马尼亚、瑞士、列支敦士登、埃塞俄比亚、津巴布韦、坦桑尼亚、毛里求斯、突尼斯、塞舌尔、肯尼亚、赞比亚、约旦、北马里亚纳群岛联邦、斐济、瓦努阿图、英国、智利、牙买加、俄罗斯、巴西、墨西哥、秘鲁、安提瓜和巴布达、巴巴多斯、老挝、蒙古、汤加、格林纳达、巴哈马、孟加拉、叙利亚、安道尔、摩洛哥、摩纳哥、保加利亚、乌干达、阿曼、纳米比亚、阿根廷、委内瑞拉、美国、法属波利尼西亚和以色列。

——2008 年，我国内地居民首站赴香港的旅游人数为 1755.70 万人次，比上年增长 8.8%；赴澳门 1552.17 万人次，增长 21.6%；赴泰国 62.39 万人次，下降 13.0%；赴新加坡 71.26 万人次，增长 10.0%；赴马来西亚 62.26 万人次，增长 8.6%；赴菲律宾 16.27 万人次，增长 1.7%；赴韩国 137.43 万人次，增长 4.7%；赴澳大利亚 41.31 万人次，增长 3.7%；赴新西兰 7.35 万人次，增长 7.7%；赴日本 155.65 万人次，增长 6.8%；赴越南 145.90 万人次，增长 58.5%；赴柬埔寨 22.09 万人次，增长 57.2%；赴缅甸 33.48 万人次，增长 104.4%；赴文莱 0.24 万人次，下降 6.0%；赴马耳他 0.08 万人次，增长 10.6%；赴土耳其 2.54 万人次，增长 6.7%；赴埃及 3.61 万人次，增长 9.4%；赴尼泊尔 2.07 万人次，下降 27.7%；赴德国 25.28 万人次，下降 6.9%；赴印度 8.38 万人次，增长 20.0%；赴马尔代夫 2.51 万人次，增长 163.7%；赴斯里兰卡 0.69 万人次，下降 0.9%；赴南非 3.36 万人次，下降 13.5%；赴克罗地亚 0.11 万人次，增长 6.7%；赴匈牙利 1.65 万人次，增长 3.2%；赴巴基斯坦 2.82 万人次，增长 7.1%，赴古巴 0.43 万人次，增长 12.0%。

九、旅游教育培训情况

——到 2008 年末，全国共有高等旅游院校及开设旅游系（专业）的普通高等院校所 810 所，比上年增加 40 所，在校生 44.00 万人，比上年增加 4.26 万人；中等职业学校 965 所，比上年增加 94 所，在校学生 40.46 万人，比上年增加 2.82 万人。两项合计，旅游院校总数 1775 所，在校学生为 84.46 万人。

——2008 年末，全行业在职人员培训总量达 338.28 万人次，比上年增加 17.34 万人次，增长 5.4%。

Statistics Report on China's Tourism Industry in 2008

China National Tourism Administration

September, 2009

In 2008, due to the impact of the financial crisis, emergencies, and other unfavorable factors, China's tourism experienced unprecedented challenges. Faced with a tough tourism market, the tourism industry in China overcame the difficulties and generally maintained a stable development. The total inbound visitor arrivals reached 130. 0274 million person-times, and the foreign exchange receipts generated from this inbound market registered US $40. 843 billion, decreasing by 1. 4 percent and 2. 6 percent respectively against the previous year. China's domestic visitors numbered 1. 712 billion person-times, and the income generated from this sector totaled 874. 930 billion Chinese RMB yuan, increasing by 6. 3 percent and 12. 6 percent respectively. The outbound travel made by Chinese citizens reached 45. 8444 million person-times in 2008, witnessing an increase of 11. 9 percent. The total income of the industry amounted to 1160 billion Chinese RMB yuan, increasing by 5. 8 percent over the year 2007.

1. Inbound Tourism

——The total number of inbound arrivals to China was 130. 0274 million person-times, a 1. 4 percent decrease against the previous year, in which 24. 3253 million person-times were made by foreigners, a 6. 8 percent decrease against the previous year; 78. 3501 million by compatriots from Hong Kong SAR, a 0. 5 percent increase over the previous year; 22. 9663 million by compatriots from Macao SAR, a 1. 0 percent decrease against the previous year; and 4. 3856 million by compatriots from Taiwan Province, a 5. 2 percent decrease against the previous year.

——The total number of overnight visitors to China was 53. 0492 million, a 3. 1 percent decrease against the previous year. Of the total overnight visitors 19. 7041 million were foreigners, a 7. 9 percent decrease against the previous year; 25. 6686 million were compatriots from Hong Kong SAR, a 1. 1 percent increase over the previous year; 3.8790 million were compatriots from Macao SAR, a 0.8 percent decrease against the previous year; and 3.7975 million were compatriots from Taiwan Province, a 5.6 percent decrease against the previous year.

——The total of China's international tourism receipts amounted to US $40.843 billion, a decrease of 2.6 percent against the previous year.

2. Domestic Tourism

——The number of domestic visitors totaled 1.712 billion, an increase of 6.3 percent over the previous year, in which 703 million were urban residents and 1.009 billion were rural residents.

——The total income of domestic tourism amounted to 874.930 billion yuan, an increase of 12.6 percent over the previous year, in which 597.175 billion yuan were spent by urban residents and 277.755 billion yuan were spent by rural residents.

——The average domestic tourism expenditure per capita was 511.0 yuan, a 5.9 percent increase over the previous year, of which the average expenditure by urban residents was 849.4 yuan per person and the average spending by rural residents was 275.3 yuan.

——The domestic visitors totaled 265 million and the domestic income reached 118.9 billion yuan during two "Golden Weeks" of the Chinese Spring Festival and National Day.

3. Inbound Tourism Market

(1) Foreign Market

In 2008, the foreign inbound market suffered a great influence. Compared with the previous year, the foreigner arrivals to China from all continents declined with different extent. The yearly visitor arrivals totaled 24.3253 million, a decrease of 6.8 percent against the previous year.

——The Asian market still remained dominant. The total visitor arrivals from Asian countries decreased by 9.4 percent against the previous year, representing 59.9 percent of total inbound foreign arrivals to China. And the Republic of Korea was still the largest generating country in terms of visitors.

—— Intercontinental market was similarly affected. Visitor arrivals from Europe, Americas, Oceania and Africa decreased by 1.5 percent, 5.1 percent, 5.5 percent and 0.2 percent respectively against the previous year.

——The length of stay of foreign tourists and their daily expenditure per capita remained unchanged or increased over the previous year. In 2008, the foreign tourists had an average length of stay of 7.0 days, maintaining the same level as that of the previous year. Daily expenditure per capita was US $200.43, US $4.04 or 2.1 percent more than that of the previous year.

The arrivals breakdown of the top 16 visitor generating countries to China in 2008 was shown in the following table.

Rank	Country	Arrivals (thousand)	Change (%)
1	ROK	3960.4	-17.09
2	Japan	3446.1	-13.36
3	Russia	3123.4	3.98
4	U.S.A.	1786.4	-6.04
5	Malaysia	1040.5	-2.02
6	Singapore	875.8	-5.01
7	Philippines	795.3	-4.53
8	Mongolia	705.3	3.42
9	Australia	571.5	-5.90
10	Thailand	554.3	-9.38
11	Britain	551.5	-8.85
12	Canada	534.7	-7.36
13	Germany	528.9	-4.99
14	India	436.6	-5.58
15	France	430.0	-7.21
16	Indonesia	426.3	-10.66

(2) Hong Kong, Macao and Taiwan Regional Market

Compared with the previous year, the Hong Kong and Macao regional markets remained basically the same and Taiwan regional market was greatly affected in 2008.

——In 2008, the arrivals from Hong Kong SAR reached 78.3501 million, increasing by 0.5 percent over the previous year. Among these arrivals, 25.6686 million were overnight visitors, an increase of 1.1 percent over the previous year, accounting for 32.8 percent of the total. 52.6815 million were same-day visitors, an increase of 0.2 percent, accounting for 67.2 percent of the total.

——In 2008, the visitor arrivals from Macao SAR was 22. 9663 million, decreasing by 1. 0 percent against the previous year, among which 3. 8790 million were overnight visitors, decreasing by 0. 8 percent over the previous year, accounting for 16. 9 percent, and 19. 0874 million were same-day visitors, decreasing by 1. 0 percent, accounting for 83. 1 percent of the total.

——In 2008, visitor arrivals from Taiwan Province were 4. 3856 million, decreasing by 5. 2 percent against the previous year.

4. Inbound Tourist Arrivals and Receipts by Provinces, Autonomous Regions and Municipalities

——In 2008, inbound tourists received by all the provinces, autonomous regions and municipalities totaled 75. 0075 million, increasing by 2. 6 percent over the previous year. There were 25 provinces, autonomous regions and municipalities receiving more than 500 thousand visitors. They were Guangdong, Jiangsu, Zhejiang, Shanghai, Beijing, Fujian, Shandong, Yunnan, Liaoning, Guangxi, Heilongjiang, Inner Mongolia, Anhui, Shaanxi, Tianjin, Hubei, Hunan, Henan, Shanxi, Chongqing, Jiangxi, Hebei, Hainan, Sichuan and Jilin. Guangdong still came first with receiving 25. 6797 million person-times of inbound visitors.

——In 2008, the number of foreign tourist arrivals was 42. 4290 million, with an increase of 0. 8 percent over the previous year. There were 24 provinces, autonomous regions and municipalities receiving more than 400 thousand foreign tourists. They were Guangdong, Shanghai, Jiangsu, Zhejiang, Beijing, Liaoning, Shandong, Heilongjiang, Yunnan, Inner Mongolia, Guangxi, Tianjin, Fujian, Shaanxi, Hubei, Anhui, Chongqing, Hunan, Henan, Hebei, Shanxi, Hainan, Jilin and Sichuan. Guangdong still came first with receiving 6. 0882 million person-times foreign visitors.

——In 2008, there were 27 provinces, autonomous regions and municipalities, generating more than US $100 million receipts from international tourism. They were Guangdong, Shanghai, Beijing, Jiangsu, Zhejiang, Fujian, Liaoning, Shandong, Yunnan, Tianjin, Heilongjiang, Shaanxi, Hunan, Guangxi, Inner Mongolia, Anhui, Chongqing, Hubei, Henan, Hainan, Shanxi, Hebei, Jiangxi, Jilin, Sichuan, Xinjiang and Guizhou. Guangdong was ranking first with US $9. 175 billion receipts generating from inbound tourism.

The international receipts and inbound arrivals of the 31 provinces, autonomous regions and municipalities are shown in the following table:

Rank	Region	International Receipts (US $ million)	Tourism Receipts Change (%)	Inbound Arrivals (million)	Tourists Change (%)
1	Guangdong	9174. 98	5. 4	25. 6797	4. 4
2	Shanghai	4971. 72	6. 4	5. 2647	1. 2
3	Beijing	4459. 13	-2. 6	3. 7904	-13. 0
4	Jiangsu	3880. 20	11. 9	5. 4430	6. 2
5	Zhejiang	3024. 08	11. 7	5. 3967	5. 6
6	Fujian	2393. 53	10. 3	2. 9319	9. 1
7	Niaoning	1526. 18	24. 3	2. 4187	20. 9
8	Shandong	1391. 10	2. 9	2. 5367	1. 6
9	Yunnan	1007. 55	17. 2	2. 5022	12. 8
10	Tianjin	1001. 39	28. 6	1. 2204	18. 2
11	Heilongjiang	869. 95	35. 4	2. 0061	41. 9
12	Shaanxi	660. 11	7. 8	1. 2573	2. 1
13	Hunan	617. 42	-3. 9	1. 1102	-7. 9
14	Guangxi	601. 66	4. 3	2. 0102	-2. 2
15	Inner Mongolia	577. 19	5. 9	1. 5493	3. 7
16	Anhui	454. 45	32. 1	1. 3209	24. 1
17	Chongqing	449. 78	17. 6	0. 8719	14. 5
18	Hubei	442. 55	7. 2	1. 1875	-9. 9
19	Henan	374. 44	17. 7	1. 0436	18. 5
20	Hainan	313. 88	4. 1	0. 7065	-6. 2
21	Shanxi	300. 65	35. 6	0. 9393	27. 3
22	Hebei	273. 95	-11. 4	0. 7502	-8. 3
23	Jiangxi	251. 70	28. 7	0. 8021	20. 7
24	Jilin	211. 44	17. 9	0. 6173	13. 6
25	Sichuan	153. 88	-70. 0	0. 6995	-59. 1
26	Xinjiang	135. 78	-16. 1	0. 3632	-17. 2
27	Guizhou	116. 97	-9. 4	0. 3954	-8. 1
28	Tibet	31. 12	-77. 0	0. 0680	-81. 4
29	Gansu	16. 03	-77. 2	0. 0832	-74. 9
30	Qinghai	10. 15	-36. 2	0. 0299	-40. 3
31	Ningxia	3. 01	15. 3	0. 0116	23. 6

5. Inbound Tourists Arrivals and Receipts in Major Cities

——In 2008, there were 37 cities receiving more than 200 thousand inbound tourists. They were Shenzhen, Guangzhou, Shanghai, Beijing, Zhuhai, Hangzhou, Suzhou, Guilin, Tianjin, Nanjing, Xiamen, Dalian, Chongqing, Huangshan,

Qingdao, Ningbo, Kunming, Zhongshan, Fuzhou, Xi'an, Quanzhou, Wuxi, Wuhan, Sanya, Shenyang, Chengdu, Changsha, Yantai, Wenzhou, Luoyang, Harbin, Zhengzhou, Weihai, Nantong, Yanbian, Changchun and Chengde, 2 cities less than that of the previous year. In addition, another 12 cities including Urumqi, Zhangzhou, Taiyuan, Qinhuangdao, Jiujiang, Jinan, Datong, Hefei, Shantou, Nanning, Haikou and Guiyang received more than 100 thousand inbound tourists.

——In 2008, there were 44 cities receiving more than 100 thousand foreign tourists, 3 cities more than that of the previous year. They were Shanghai, Beijing, Guangzhou, Hangzhou, Shenzhen, Suzhou, Tianjin, Dalian, Guilin, Nanjing, Chongqing, Qingdao, Huangshan, Xi'an, Kunming, Zhuhai, Ningbo, Wuhan, Wuxi, Xiamen, Sanya, Shenyang, Fuzhou, Chengdu, Yantai, Weihai, Changsha, Yanbian, Luoyang, Wenzhou, Nantong, Harbin, Changchun, Urumqi, Qinhuangdao, Chengde, Zhengzhou, Taiyuan, Datong, Zhongshan, Hefei, Jinan, Jiujiang and Nanning.

——In 2008, there were 37 cities earning more than US $100 million from international tourism, with one city more than the previous year. They were Shanghai, Beijing, Guangzhou, Shenzhen, Hangzhou, Tianjin, Suzhou, Zhuhai, Nanjing, Xiamen, Quanzhou, Dalian, Fuzhou, Qingdao, Ningbo, Chongqing, Guilin, Changsha, Xi'an, Wuxi, Shenyang, Nantong, Yantai, Sanya, Wuhan, Zhongshan, Huangshan, Kunming, Harbin, Wenzhou, Chengdu, Weihai, Zhengzhou, Zhangzhou, Luoyang, Changchun and Qinhuangdao. In addition, 12 other cities generated more than US $50 million receipts from international tourism. They are Taiyuan, Urumqi, Jinan, Hefei, Lianyungang, Yanbian, Shantou, Jiujiang, Guiyang, Datong, Chengde and Huhehaote. Shanghai came first with generating US $4.972 billion from international tourism. The details of the top 37 cities in terms of foreign receipts are shown as follows:

Rank	Region	International Tourism Receipts (US $ million)	Receipts Change (%)	Inbound Arrivals (million)	Tourists Change (%)
1	Shanghai	4971.72	6.4	5.2647	1.2
2	Beijing	4459.13	-2.6	3.7904	-13.0
3	Guangzhou	3130.36	-1.9	6.1248	0.2
4	Shenzhen	2703.99	3.1	8.6957	4.6
5	Hangzhou	1296.10	15.0	2.2133	6.1

6	Tianjin	1001. 39	28. 6	1. 2204	18. 2
7	Suzhou	995. 47	12. 0	1. 6823	4. 3
8	Zhuhai	948. 23	5. 1	2. 8622	1. 5
9	Nanjing	871. 74	7. 9	1. 1918	2. 7
10	Xiamen	818. 65	13. 9	1. 0453	12. 1
11	Quanzhou	659. 80	33. 6	0. 6308	4. 9
12	Dalian	658. 35	13. 3	0. 9500	13. 1
13	Fuzhou	657. 50	9. 8	0. 6394	8. 5
14	Qingdao	500. 30	- 25. 9	0. 8008	-25. 9
15	Ningbo	468. 74	8. 8	0. 7568	9. 8
16	Chongqing	449. 78	17. 6	0. 8719	14. 5
17	Guilin	392. 18	8. 9	1. 2502	-2. 8
18	Changsha	363. 04	19. 3	0. 3690	-22. 4
19	Xi'an	359. 56	- 33. 8	0. 6318	-36. 8
20	Wuxi	335. 18	- 7. 5	0. 6113	-12. 0
21	Shenyang	330. 09	13. 9	0. 4764	4. 5
22	Nantong	283. 68	14. 7	0. 2800	25. 1
23	Yantai	267. 08	16. 4	0. 3521	14. 5
24	Sanya	262. 55	7. 6	0. 5115	-2. 0
25	Wuhan	254. 29	11. 4	0. 5340	0. 8
26	Zhongshan	227. 02	4. 7	0. 6518	-4. 5
27	Huangshan	220. 14	25. 7	0. 8104	18. 2
28	Kunming	206. 86	- 0. 5	0. 7007	-1. 8
29	Harbin	180. 34	17. 7	0. 2971	10. 2
30	Wenzhou	161. 09	14. 4	0. 3182	10. 1
31	Chengdu	153. 88	- 41. 1	0. 4720	-35. 9
32	Weihai	137. 34	10. 3	0. 2883	7. 8
33	Zhengzhou	118. 23	8. 6	0. 2915	11. 3
34	Zhangzhou	116. 53	- 48. 1	0. 1927	3. 2
35	Luoyang	110. 51	15. 9	0. 3080	17. 6
36	Changchun	106. 81	19. 6	0. 2170	8. 4
37	Qinhuangdao	101. 69	- 22. 2	0. 1873	-15. 6

6. Scale and Business of Star-rated Hotels in China

In 2008, the overall scale of China's star-rated hotels augmented.

——By the end of 2008, there were a total of 14099 Star-rated hotels in China, 516 more than in 2007, increasing by 3. 8 percent over the previous year. The total number of rooms was 1. 5914 millon, increasing 17. 6 thousand or an increase of 1. 1 percent. The total number of beds reached 2. 9348 million with a decrease of 1. 2 percent, with 34. 7 thousand beds less than that of the previous year.

——By the end of 2008, the original value of fixed assets owned by star-rated hotels amounted to 435. 325 billion yuan, increasing by 1. 3 percent over the previous year.

——In 2008, the average occupancy rate of star-rated hotels was 58. 30 percent, 2. 66 percentage points lower than that of the previous year.

——In 2008, the total business income of 14099 star-rated hotels amounted to 176. 201 billion yuan, with an increase of 7. 0 percent over the previous year. The business tax was 11. 833 billion yuan, maintaining the same level as that in the previous year.

——In 2008, there were a total of 5686 state-owned star-rated hotels in China. Their total business income amounted to 69. 281 billion yuan and the paid business tax reached 4. 206 billion yuan.

——There were 561 star-rated hotels in China built by investment from foreign countries and Hong Kong, Macao and Taiwan regions. In 2008, their total business income reached 25. 261 billion yuan and paid business tax amounted to 1. 616 billion yuan.

——Of the total 14099 star-rated hotels in China, there were 432 five-star hotels, with 63 more; 1821 four-star hotels, with 226 more; 5712 three-star hotels, with 405 more; 5616 two-star hotels, with 102 less, and 518 one-star hotels, with 76 less than that of the previous year.

——The scale and business of all the star-rated hotels nationwide in 2008 were listed as follows:

	Hotels (number)	Rooms (thousand)	Beds (thousand)	Revenue (billion)	Occupancy (%)
Total	**14 099**	**1 591. 4**	**2 934. 8**	**176. 201**	**58. 30**
by ownership status					
State-owned Economy	5 686	654. 6	1 253. 2	69. 281	58. 23
Collective Economy	872	79. 8	155. 3	6. 612	56. 63
Co-operative Co.	345	34. 9	63. 8	3. 383	60. 82
Affiliated Co.	75	10. 6	18. 6	1. 217	57. 87
Ltd Liability Co.	2 903	351. 8	625. 2	39. 851	58. 46
Corporation	703	89. 3	164. 7	9. 851	59. 92
Proprietary Co.	2 643	213. 1	389. 5	16. 103	57. 89
Other domestic-funded Co.	311	35. 7	67. 0	4. 642	59. 49

Companies invested by HK, Macao, Taiwan	339	73. 0	119. 7	14. 422	57. 65
Foreign-invested Co.	222	48. 6	77. 8	10. 840	57. 84
by scale of room numbers					
over 500	129	88. 4	148. 9	22. 796	57. 66
300 - 499	558	204. 8	349. 4	35. 680	56. 79
200 - 299	1 135	271. 7	483. 4	35. 044	59. 77
100 - 199	4 206	570. 4	1 054. 8	49. 597	59. 52
less than 99	8 071	455. 9	898. 3	33. 084	56. 80
by star-rating					
5-star	432	156. 9	253. 5	46. 704	57. 27
4-star	1 821	369. 6	639. 7	53. 470	59. 89
3-star	5 712	647. 0	1 220. 5	54. 554	58. 47
2-star	5 616	391. 5	768. 5	20. 586	57. 19
1-star	518	26. 4	52. 5	0. 887	50. 97

7. Scale and Business of Travel Agencies

——By the end of 2008, there were 20110 travel agencies in China, 1167 more than in 2007. Of the total, there were 1970 International-Travel agencies, 173 more than the previous year, and 18140 Domestic-Travel agencies, 994 more than in 2007.

——By the end of 2008, the total assets owned by travel agencies nationwide amounted to 52. 186 billion yuan, increasing by 1. 0 percent over the previous year. The business income was 166. 548 billion yuan, 1. 6 percent more than that of the previous year, and the business tax was 1. 129 billion yuan, 2. 9 percent more than that of the previous year.

——In 2008, the total arrivals of inbound tourists organized by all the international travel agencies were 13. 2469 million and the total number of person/nights were 58. 0621 million, 3. 5 percent and 0. 3 percent lower than that of the previous year. The total number of inbound tourists received by travel agencies was 20. 3288 million and the total number of person/nights was 64. 0763 million, 6. 5 percent and 0. 5 percent lower than that of the previous year.

——In 2008, the total number of overnight domestic tourists organized by travel agencies was 85. 4107 million with an increase of 1. 4 percent over the previous year, or namely 254. 1399 million person/nights with a decrease of 3. 7 percent against the previous year. The number of domestic tourists received by travel agencies was

104. 4962 million, or namely 229. 6628 million person/nights, 1. 7 percent and 3. 3 percent less than that of the previous year.

8. Outbound Travel

In 2008, the market of outbound travel kept growing at a fast speed. The number of countries and regions with Approved Destination Status (ADS) continued to grow. Of this total, the number of residents of Mainland China travelling to Taiwan increased rapidly.

——In 2008, the total number of Chinese outbound visitors reached 45. 8444 million, increasing by 11. 9 percent over the previous year. Of the total, 5. 7132 million Chinese nationals traveled abroad for public affairs, 5. 3 percent less than that of the previous year, and 40. 1312 million for private purpose, 14. 9 percent more than that of the previous year. The top ten first stop destinations for Chinese nationals were Hong Kong SAR, Macao SAR, Japan, Vietnam, ROK, Russia, U. S. A., Singapore, Thailand and Malaysia.

——In 2008, the total number of Chinese nationals traveling abroad organized by travel agencies was 10. 9091 million, 1. 0349 million more than that of the previous year, with 10. 5 percent increase. Of the total, 6. 0355 million visitors went to foreign countries, 20. 2 percent more than that of the previous year; and 4. 8736 million to Hong Kong SAR and Macao SAR, an increase of 0. 5 percent. In addition, 429. 3 thousand Chinese nationals made border-crossing travel, decreasing by 6. 3 percent against the previous year.

——By the end of 2008, besides the three regions of Hong Kong SAR, Macao SAR and Taiwan province, 92 countries have been granted with ADS. They are Thailand, Singapore, Malaysia, the Philippines, ROK, Australia, New Zealand, Japan, Vietnam, Cambodia, Myanmar, Brunei, Malta, Indonesia, Turkey, Egypt, Nepal, Germany, India, Maldives, Sri Lanka, South Africa, Croatia, Hungary, Pakistan, Cuba, Greece, France, the Netherlands, Belgium, Luxembourg, Portugal, Spain, Italy, Austria, Finland, Sweden, Czech, Estonia, Latvia, Lithuania, Poland, Slovenia, Slovak, Cyprus, Denmark, Iceland, Ireland, Norway, Romania, Switzerland, Liechtenstein, Ethiopia, Zimbabwe, Tanzania, Mauritius, Tunisia, Seychelles, Kenya, Zambia, Jordan, Northern Mariana's, Fiji, Vanuatu, Britain, Chile, Jamaica, Russia, Brazil, Mexico, Peru, Antigua and Barbuda, Barbados, Laos, Mongolia, Tonga, Grenada, Bahamas, Bangladesh, Syria, Andorra, Morocco, Bulgaria, Uganda, Oman, Namibia, Argentina, Venezuela, U. S. A., French Polynesia and Israel.

——In 2008, the numbers of outbound travel made by the residents of Mainland China to the approved destinations in terms of first stop are as follows: 17.5570 million visited Hong Kong SAR, with an increase of 8.8 percent over the previous year; 15.5217 million visited Macao SAR, with an increase of 21.6 percent; 623.9 thousand visited Thailand, with a decrease of 13.0 percent; 712.6 thousand visited Singapore, with an increase of 10.0 percent; 622.6 thousand visited Malaysia, with an increase of 8.6 percent; 162.7 thousand visited the Philippines, with an increase of 1.7 percent; 1.3743 million visited ROK, with an increase of 4.7 percent; 413.1 thousand visited Australia, with an increase of 3.7 percent; 73.5 thousand visited New Zealand, with an increase of 7.7 percent; 1.5565 million visited Japan, with an increase of 6.8 percent; 1.4590 million visited Vietnam, with an increase of 58.5 percent; 220.9 thousand visited Cambodia, with an increase of 57.2 percent; 334.8 thousand visited Myanmar, with an increase of 104.4 percent; 2.4 thousand visited Brunei, with a decrease of 6.0 percent; 0.8 thousand visited Malta, with an increase of 10.6 percent; 25.4 thousand visited Turkey, with an increase of 6.7 percent; 36.1 thousand visited Egypt, with an increase of 9.4 percent; 20.7 thousand visited Nepal, with a decrease of 27.7 percent; 252.8 thousand visited Germany, with a decrease of 6.9 percent; 83.8 thousand visited India, with an increase of 20.0 percent; 25.1 thousand visited Maldives, with an increase of 163.7 percent; 6.9 thousand visited Sri Lanka, with a decrease of 0.9 percent; 33.6 thousand visited South Africa, with a decrease of 13.5 percent; 1.1 thousand visited Croatia, with an increase of 6.7 percent; 16.5 thousand visited Hungary, with an increase of 3.2 percent; 28.2 thousand visited Pakistan, with an increase of 7.1 percent; 4.3 thousand visited Cuba, with an increase of 12.0 percent.

9. Education and Training in Tourism Industry

——By the end of 2008, there were 810 higher learning institutes and colleges with travel and tourism departments, 40 more than that in 2007. And the number of enrolled students was 440.0 thousand, 42.6 thousand more than that in the previous year. There were 965 medium-level professional schools, 94 schools more than that of the previous year, with 404.6 thousand enrolled students, 28.2 thousand more than that in the previous year. In total, there were 1775 tourism institutes and schools with an enrollment of 844.6 thousand students.

——In 2008, 3.3828 million employees participated in training programs, 173.4 thousand more than that in the previous year, with a 5.4 percent increase.

一、入境旅游人数

1. INTERNATIONAL VISITOR ARRIVALS TO CHINA

1－1　1978～2008年中国入境过夜旅游者人数和国际旅游（外汇）收入的世界排名

RANK OF CHINA'S TOURIST ARRIVALS & TOURISM RECEIPTS IN THE WORLD，1978—2008

年　份 YEAR	过夜旅游者人数 （万人次） TOURIST ARRIVALS （TEN THOUS.）	世界排名 RANK	国际旅游（外汇）收入 （亿美元） TOURISM RECEIPTS （100Mn. US $）	世界排名 RANK
1978	71.60	—	2.63	—
1979	152.90	—	4.49	—
1980	350.00	18	6.17	34
1981	376.70	17	7.85	34
1982	392.40	16	8.43	29
1983	379.10	16	9.41	26
1984	514.10	14	11.31	21
1985	713.30	13	12.50	21
1986	900.10	12	15.31	22
1987	1 076.00	12	18.62	26
1988	1 236.10	10	22.47	26
1989	936.10	12	18.60	27
1990	1 048.40	11	22.18	25
1991	1 246.40	12	28.45	21
1992	1 651.20	9	39.47	17
1993	1 898.20	7	46.83	15
1994	2 107.00	6	73.23	10
1995	2 003.40	8	87.33	10
1996	2 276.50	6	102.00	9
1997	2 377.00	6	120.74	8
1998	2 507.29	6	126.02	7
1999	2 704.66	5	140.99	7
2000	3 122.88	5	162.24	7
2001	3 316.67	5	177.92	5
2002	3 680.26	5	203.85	5
2003	3 297.05	5	174.06	7
2004	4 176.14	4	257.39	7
2005	4 680.90	4	292.96	6
2006	4 991.34	4	339.49	5
2007	5 471.98	4	419.19	5
2008	5 304.92	4	408.43	5

资料来源：世界旅游组织

SOURCE：WORLD TOURISM ORGANIZATION

1－2　1978～2008年入境旅游人数

ANNUAL VISITOR ARRIVALS 1978—2008

单　位：万人次
UNIT：TEN THOUS. PERSON-TIMES

年　份 YEAR	总　计 TOTAL	外国人 FOREIGN-ERS	华　侨 OVERSEAS CHINESE	港澳台同胞 ＊COMPA-TRIOTS	#台湾同胞 TAIWAN PROVINCE
1978	180.92	22.96	1.81	156.15	
1979	420.39	36.24	2.09	382.06	
1980	570.25	52.91	3.44	513.90	
1981	776.71	67.52	3.89	705.31	
1982	792.43	76.45	4.27	711.70	
1983	947.70	87.25	4.04	856.41	
1984	1 285.22	113.43	4.75	1 167.04	
1985	1 783.31	137.05	8.48	1 637.78	
1986	2 281.95	148.23	6.81	2 126.90	
1987	2 690.23	172.78	8.70	2 508.74	
1988	3 169.48	184.22	7.93	2 977.33	43.77
1989	2 450.14	146.10	6.86	2 297.19	54.10
1990	2 746.18	174.73	9.11	2 562.34	94.80
1991	3 334.98	271.01	13.34	3 050.62	94.66
1992	3 811.49	400.64	16.51	3 394.34	131.78
1993	4 152.69	465.59	16.62	3 670.49	152.70
1994	4 368.45	518.21	11.52	3 838.72	139.02
1995	4 638.65	588.67	11.58	4 038.40	153.23
1996	5 112.75	674.43	15.46	4 422.86	173.39
1997	5 758.79	742.80	9.90	5 006.09	211.76
1998	6 347.84	710.77	12.07	5 625.00	217.46
1999	7 279.56	843.23	10.81	6 425.52	258.46
2000	8 344.39	1 016.04	7.55	7 320.80	310.86
2001	8 901.29	1 122.64	—	7 778.65	344.20
2002	9 790.83	1 343.95	—	8 446.88	366.06
2003	9 166.21	1 140.29	—	8 025.92	273.19
2004	10 903.82	1 693.25	—	9 210.57	368.53
2005	12 029.23	2 025.51	—	10 003.71	410.92
2006	12 494.21	2 221.03	—	10 273.18	441.35
2007	13 187.33	2 610.97	—	10 576.36	462.79
2008	13 002.74	2 432.53	—	10 570.21	438.56

资料来源：公安部

SOURCE：MINISTRY OF PUBLIC SECURITY

NOTE：＊COMPATRIOTS FROM HONG KONG，MACAO AND TAIWAN PROVINCE.

1－3　2008 年各月入境旅游人数

MONTHLY VISITOR ARRIVALS 2008

单　位：万人次
UNIT：TEN THOUS. PERSON-TIMES

月　份 MONTH	总　计 TOTAL	外 国 人 FOREIGN-ERS	香港同胞 HONGKONG SAR	澳门同胞 MACAO SAR	台湾同胞 TAIWAN PROVINCE
全　年 WHOLE YEAR	**13 002.74**	**2 432.53**	**7 835.01**	**2 296.63**	**438.56**
一　月　JAN.	1 080.95	210.23	643.51	196.37	30.84
二　月　FEB.	990.77	179.13	601.58	170.81	39.25
三　月　MAR.	1 188.44	235.92	715.87	202.24	34.41
四　月　APR.	1 126.51	236.63	660.29	188.98	40.61
五　月　MAY	1 087.50	211.68	654.83	184.73	36.26
六　月　JUNE	1 017.21	190.45	609.01	184.09	33.66
七　月　JULY	1 105.72	191.98	679.32	194.50	39.91
八　月　AUG.	1 076.24	190.90	653.02	194.11	38.21
九　月　SEP.	1 056.40	188.33	645.82	186.13	36.13
十　月　OCT.	1 122.82	231.07	651.31	198.03	42.42
十一月　NOV.	1 055.09	191.22	638.97	191.08	33.81
十二月　DEC.	1 095.09	174.98	681.49	205.55	33.06

资料来源：公安部
SOURCE：MINISTRY OF PUBLIC SECURITY

1－4　2008年各月入境旅游人数（按入境方式分）

MONTHLY VISITOR ARRIVALS BY MODE OF TRANSPORT 2008

单　位：万人次
UNIT：TEN THOUS. PERSON-TIMES

月　份 MONTH	总　计 TOTAL	船舶 SEA	飞机 AIR	火车 RAIL	汽车 MOTOR	徒步 FOOT
全　年 WHOLE YEAR	**13 002.74**	**548.02**	**1 681.35**	**161.31**	**3 268.07**	**7 343.98**
一　月　JAN.	1 080.95	40.83	138.44	13.63	280.68	607.36
二　月　FEB.	990.77	41.32	137.76	11.12	244.56	556.01
三　月　MAR.	1 188.44	50.64	157.48	14.73	305.78	659.81
四　月　APR.	1 126.51	48.23	159.02	16.29	286.09	616.87
五　月　MAY	1 087.50	46.71	147.84	13.24	279.69	600.03
六　月　JUNE	1 017.21	42.92	128.66	12.58	258.47	574.58
七　月　JULY	1 105.72	48.66	132.79	13.52	280.43	630.33
八　月　AUG.	1 076.24	49.93	133.24	12.84	270.70	609.53
九　月　SEP.	1 056.40	45.10	132.57	13.21	265.38	600.15
十　月　OCT.	1 122.82	49.18	164.87	15.04	269.76	623.98
十一月　NOV.	1 055.09	42.49	128.43	13.30	260.59	610.28
十二月　DEC.	1 095.09	42.01	120.25	11.83	265.95	655.05

资料来源：公安部
SOURCE：MINISTRY OF PUBLIC SECURITY

1-5 2007~2008年主要客源国入境旅游人数
FOREIGN VISITOR ARRIVALS FROM THE MAIN GENERATING COUNTRIES 2007—2008

单 位：万人次
UNIT：TEN THOUS. PERSON-TIMES

国籍 NATIONALITY		2008年 2008	2007年 2007	2008年比2007年增长(%) GROWTH (%)
总计	**TOTAL**	**2 432.53**	**2 610.97**	**-6.8**
其中	OF WHICH			
韩国	KOREA	396.04	477.68	-17.1
日本	JAPAN	344.61	397.75	-13.4
俄罗斯	RUSSIA	312.34	300.39	4.0
美国	U. S. A.	178.64	190.12	-6.0
马来西亚	MALAYSIA	104.05	106.20	-2.0
新加坡	SINGAPORE	87.58	92.20	-5.0
菲律宾	PHILIPPINES	79.53	83.30	-4.5
越南	VIETNAM	74.35	65.39	13.7
蒙古	MONGOLIA	70.53	68.20	3.4
澳大利亚	AUSTRALIA	57.15	60.74	-5.9
泰国	THAILAND	55.43	61.16	-9.4
英国	U. K.	55.15	60.51	-8.9
加拿大	CANADA	53.47	57.72	-7.4
德国	GERMANY	52.89	55.67	-5.0
缅甸	MYNMAR	50.90	32.04	58.9
印度	INDIA	43.66	46.25	-5.6
法国	FRANCE	43.00	46.34	-7.2
印度尼西亚	INDONESIA	42.63	47.71	-10.7
哈萨克斯坦	KAZAKHSTAN	30.07	43.89	-31.5
意大利	ITALY	19.44	21.52	-9.7
荷兰	NETHERLANDS	18.09	19.41	-6.8
瑞典	SWEDEN	13.77	14.51	-5.1
西班牙	SPAIN	11.22	13.67	-17.9
乌克兰	UKRAINE	10.56	10.42	1.3
新西兰	NEW ZEALAND	10.52	10.87	-3.3
朝鲜	KOREA, D. P. REP.	10.18	11.37	-10.4
丹麦	DANMARK	8.10	8.96	-9.6
巴西	BRAZIL	7.47	6.74	10.7
巴基斯坦	PAKISTAN	7.29	9.75	-25.3
芬兰	FINLAND	7.06	7.53	-6.3
以色列	ISRAEL	6.83	7.43	-8.0
伊朗	IRAN	6.80	7.00	-2.8
瑞士	SWITZERLAND	6.34	6.46	-1.8
比利时	BELGIUM	6.14	6.58	-6.6
波兰	POLAND	6.10	6.19	-1.5
土尔其	TURKEY	6.04	7.38	-18.2
乌兹别克斯坦	UZBKISTAN	5.80	5.00	16.0
奥地利	AUSTRIA	5.63	6.33	-11.1
南非	SOUTH AFRICA	5.43	5.78	-6.1

1－6 2008年各月入境外国
MONTHLY FOREIGN VISITOR

国 籍 NATIONALITY		一月 JAN.	二月 FEB.	三月 MAR.	四月 APR.	五月 MAY	六月 JUNE
总　　计	**TOTAL**	**210.23**	**179.13**	**235.92**	**236.63**	**211.68**	**190.45**
亚　　洲	**ASIA**	**129.38**	**116.57**	**138.09**	**139.67**	**131.17**	**114.02**
日　　本	JAPAN	31.16	28.52	31.50	27.42	28.44	27.08
韩　　国	KOREA	42.66	39.76	34.95	36.86	38.06	30.47
蒙　　古	MONGOLIA	7.02	2.80	5.84	6.42	6.02	6.03
印度尼西亚	INDONESIA	3.34	3.04	4.38	4.13	3.25	3.27
马来西亚	MALAYSIA	6.32	7.72	10.22	10.15	9.99	7.03
菲 律 宾	PHILIPPINES	7.25	6.80	8.51	8.33	7.61	6.27
新 加 坡	SINGAPORE	6.21	6.21	8.48	7.83	8.59	7.83
泰　　国	THAILAND	4.06	4.43	6.76	7.93	4.68	3.13
印　　度	INDIA	3.67	2.85	4.49	4.64	3.74	3.91
其　　他	OTHERS	17.69	14.43	22.96	25.96	20.81	19.00
欧　　洲	**EUROPE**	**49.91**	**37.79**	**60.86**	**60.48**	**49.14**	**46.50**
英　　国	UNITED KINGDOM	4.71	3.97	5.81	5.59	4.59	3.98
法　　国	FRANCE	3.48	3.15	3.91	4.86	3.99	3.22
德　　国	GERMANY	4.33	3.72	5.19	5.13	4.67	3.98
意 大 利	ITALY	1.64	1.24	1.84	2.15	1.60	1.45
瑞　　士	SWITZERLAND	0.44	0.37	0.55	0.59	0.57	0.49
瑞　　典	SWEDEN	1.32	1.01	1.48	1.44	1.08	0.97
荷　　兰	NETHERLANDS	1.45	1.17	1.61	1.91	1.51	1.32
俄 罗 斯	RUSSIA	25.39	17.28	31.36	29.21	23.74	24.48
其　　他	OTHERS	7.15	5.87	9.11	9.62	7.40	6.60
美　　洲	**AMERICA**	**21.07**	**17.83**	**26.34**	**24.89**	**22.85**	**22.12**
美　　国	U.S.A.	14.30	11.95	18.12	16.79	16.38	16.28
加 拿 大	CANADA	4.91	4.32	5.83	4.76	4.43	3.97
其　　他	OTHERS	1.86	1.56	2.39	3.34	2.04	1.88
大 洋 洲	**OCEANIA**	**6.70**	**4.85**	**6.61**	**6.94**	**5.40**	**4.91**
澳大利亚	AUSTRALIA	5.62	4.03	5.63	5.81	4.49	4.05
新 西 兰	NEW ZEALAND	0.96	0.72	0.88	1.01	0.80	0.77
其　　他	OTHERS	0.11	0.10	0.10	0.11	0.11	0.09
非　　洲	**AFRICA**	**3.15**	**2.06**	**4.00**	**4.64**	**3.10**	**2.90**
其　　他	**OTHERS**	**0.02**	**0.04**	**0.03**	**0.01**	**0.01**	**0.01**

资料来源：公安部

SOURCE: MINISTRY OF PUBLIC SECURITY

游客人数（按国籍分）

ARRIVALS BY NATIONALITY 2008

单　位：万人次

UNIT：TEN THOUS. PERSON-TIMES

七月 JULY	八月 AUG.	九月 SEP.	十月 OCT.	十一月 NOV.	十二月 DEC.	合计 TOTAL	占总数比重(%) P. C. TOTAL	比上年增长(%) GROWTH (%)
191.98	**190.90**	**188.33**	**231.07**	**191.22**	**174.98**	**2 432.53**	**100.00**	**-6.8**
112.22	**109.26**	**108.53**	**131.20**	**114.12**	**111.94**	**1 456.17**	**59.86**	**-20.0**
27.88	28.12	27.45	31.82	28.48	26.75	344.61	14.17	-15.9
32.72	34.16	27.31	33.47	23.83	21.80	396.04	16.28	-39.1
5.92	7.26	6.06	6.26	6.14	4.76	70.53	2.90	-20.3
3.11	2.35	4.59	4.47	2.94	3.74	42.63	1.75	-26.5
5.60	5.33	8.27	9.66	11.25	12.51	104.05	4.28	-6.1
6.11	5.57	5.25	6.20	5.86	5.75	79.53	3.27	-27.3
4.21	4.18	5.78	8.42	9.59	10.26	87.58	3.60	-6.7
3.37	2.80	3.47	5.84	4.01	4.97	55.43	2.28	-17.8
3.36	3.02	3.55	3.97	3.47	2.98	43.66	1.79	-20.2
19.94	16.46	16.79	21.09	18.54	18.44	232.12	9.54	159.8
51.27	**54.13**	**52.45**	**63.46**	**48.42**	**36.85**	**611.27**	**25.13**	**-21.6**
4.28	4.23	4.30	5.66	4.55	3.49	55.15	2.27	-15.9
3.47	3.37	3.20	4.52	3.17	2.67	43.00	1.77	-12.2
4.08	4.18	4.36	5.68	4.34	3.21	52.89	2.17	-5.7
1.62	1.41	1.43	2.24	1.69	1.12	19.44	0.80	-13.8
0.61	0.55	0.57	0.68	0.53	0.39	6.34	0.26	3.5
0.76	0.95	0.96	1.47	1.21	1.11	13.77	0.57	-6.6
1.73	1.64	1.44	1.85	1.32	1.13	18.09	0.74	-11.8
27.84	30.01	28.90	31.26	24.56	18.31	312.34	12.84	-29.0
6.90	7.79	7.29	10.09	7.04	5.41	90.25	3.71	70.0
20.86	**19.79**	**18.70**	**26.12**	**20.17**	**17.45**	**258.19**	**10.61**	**-13.7**
14.56	13.66	12.99	17.96	13.78	11.88	178.64	7.34	-12.5
4.21	3.70	3.59	5.06	4.47	4.22	53.47	2.20	-18.7
2.10	2.42	2.12	3.10	1.92	1.34	26.08	1.07	17.5
4.90	**4.86**	**5.95**	**6.22**	**5.40**	**6.14**	**68.87**	**2.83**	**-13.8**
3.97	3.87	4.97	5.17	4.44	5.11	57.15	2.35	-13.6
0.85	0.87	0.88	0.95	0.87	0.95	10.52	0.43	-14.0
0.09	0.12	0.10	0.10	0.10	0.08	1.20	0.05	13.8
2.72	**2.85**	**2.69**	**4.06**	**3.08**	**2.58**	**37.84**	**1.56**	**-8.3**
0.01	**0.00**	**0.01**	**0.02**	**0.02**	**0.02**	**0.19**	**0.01**	**-57.8**

1－7　2004～2008年入境外国旅游者人数（按国籍分）
ANNUAL FOREIGN VISITOR ARRIVALS BY NATIONALITY 2004—2008

单　位：万人次
UNIT：TEN THOUS. PERSON-TIMES

国　籍 NATIONALITY		2004年 2004	2005年 2005	2006年 2006	2007年 2007	2008年 2008
总　计	**TOTAL**	**1 693.25**	**2 025.51**	**2 221.03**	**2 610.97**	**2 432.53**
亚　洲	**ASIA**	**1 073.66**	**1 250.63**	**1 359.60**	**1 607.03**	**1 456.17**
日　本	JAPAN	333.43	339.00	374.59	397.75	344.61
韩　国	KOREA	284.49	354.53	392.40	477.68	396.04
蒙　古	MONGOLIA	55.38	64.20	63.12	68.20	70.53
印度尼西亚	INDONESIA	34.98	37.76	43.30	47.71	42.63
马来西亚	MALAYSIA	74.19	89.96	91.05	106.20	104.05
菲律宾	PHILIPPINES	54.94	65.40	70.42	83.30	79.53
新加坡	SINGAPORE	63.68	75.59	82.79	92.20	87.58
泰　国	THAILAND	46.42	58.63	59.20	61.16	55.43
印　度	INDIA	30.94	35.65	40.51	46.25	43.66
其　他	OTHERS	95.22	129.91	142.23	226.60	232.12
欧　洲	**EUROPE**	**377.57**	**478.49**	**527.18**	**620.73**	**611.27**
英　国	UNITED KINGDOM	41.81	49.96	55.26	60.51	55.15
法　国	FRANCE	28.11	37.20	40.22	46.34	43.00
德　国	GERMANY	36.53	45.49	50.06	55.67	52.89
意大利	ITALY	12.24	17.70	19.53	21.52	19.44
瑞　士	SWITZERLAND	4.07	5.14	5.79	6.46	6.34
瑞　典	SWEDEN	8.72	11.03	12.96	14.51	13.77
荷　兰	NETHERLANDS	11.74	14.58	16.78	19.41	18.09
俄罗斯	RUSSIA	179.22	222.39	240.51	300.39	312.34
其　他	OTHERS	55.13	75.01	86.08	95.92	90.25
美　洲	**AMERICA**	**178.95**	**214.58**	**240.58**	**272.10**	**258.19**
美　国	U. S. A.	130.86	155.55	171.03	190.12	178.64
加拿大	CANADA	34.80	42.98	49.97	57.72	53.47
其　他	OTHERS	13.28	16.05	19.59	24.26	26.08
大洋洲	**OCEANIA**	**45.21**	**57.36**	**63.86**	**72.85**	**68.87**
澳大利亚	AUSTRALIA	37.63	48.30	53.81	60.74	57.15
新西兰	NEW ZEALAND	6.46	7.84	8.86	10.87	10.52
其　他	OTHERS	1.13	1.22	1.19	1.24	1.20
非　洲	**AFRICA**	**17.34**	**23.80**	**29.38**	**37.91**	**37.84**
其　他	**OTHERS**	**0.52**	**0.65**	**0.43**	**0.34**	**0.19**

资料来源：公安部
SOURCE：MINISTRY OF PUBLIC SECURITY

二、入境外国游客主要特征

2. MAJOR PROFILE OF FOREIGN VISITOR ARRIVALS

2－1　2007～2008 年入境外国游客人数
（按年龄、性别、目的和入境方式分）
FOREIGN VISITOR ARRIVALS BY AGE, SEX, PURPOSE & MODE OF TRANSPORT 2007—2008

单　位：万人次
UNIT：TEN THOUS. PERSON-TIMES

项　目 ITEM		2008 年 2008	占总人数比重(%) P. C. TOTAL	2007 年 2007	占总人数比重(%) P. C. TOTAL
总　计	**TOTAL**	**2 432.53**	**100.0**	**2 610.97**	**100.0**
14 岁以下	UNDER 14	98.52	4.1	107.77	4.1
15～24 岁	15－24	206.13	8.5	209.43	8.0
25～44 岁	25－44	1 129.10	46.4	1 192.54	45.7
45～65 岁	45－65	871.70	35.8	948.39	36.3
65 岁以上	OVER 65	127.09	5.2	152.83	5.9
男	MALE	1 560.90	64.2	1 656.99	63.5
女	FEMALE	871.64	35.8	953.98	36.5
会议/商务	MEETING/ BUSINESS	567.77	23.3	696.05	26.7
观光休闲	SIGHTSEEING/ LEISURE	1 203.96	49.5	1314.08	50.3
探亲访友	VISITING RELATIVES & FRIENDS	6.79	0.3	7.96	0.3
服务员工	WORKER & CREW	243.19	10.0	233.35	8.9
其　他	OTHERS	410.82	16.9	359.53	13.8
船　舶	SEA	274.85	11.3	286.06	11.0
飞　机	AIR	1 342.78	55.2	1 505.66	57.7
火　车	RAIL	80.18	3.3	82.52	3.2
汽　车	MOTOR	367.07	15.1	354.46	13.6
徒　步	FOOT	367.66	15.1	382.27	14.6

资料来源：公安部
SOURCE：MINISTRY OF PUBLIC SECURITY

2－2　2008年各月入境外国
MONTHLY FOREIGN VISITOR

月　份 MONTH	合　计 TOTAL	会议/商务 MEETING/BUSINESS
全　年　WHOLE YEAR	**2 432.53**	**567.77**
一　月　JAN.	210.23	58.11
二　月　FEB.	179.13	45.44
三　月　MAR.	235.92	63.65
四　月　APR.	236.63	63.28
五　月　MAY	211.68	46.67
六　月　JUNE	190.45	42.85
七　月　JULY	191.98	40.14
八　月　AUG.	190.90	34.50
九　月　SEP.	188.33	35.53
十　月　OCT.	231.07	53.24
十一月　NOV.	191.22	46.60
十二月　DEC.	174.98	37.77

资料来源：公安部

SOURCE：MINISTRY OF PUBLIC SECURITY

游客人数（按目的分）
ARRIVALS BY PURPOSE 2008

单　位：万人次
UNIT：TEN THOUS. PERSON-TIMES

观光休闲 SIGHTSEEING/ LEISURE	探亲访友 VISITING RELATIVES & FRIENDS	服务员工 WORKER & CREW	其　他 OTHERS
1 203. 96	**6. 79**	**243. 19**	**410. 82**
95. 29	0. 51	20. 27	36. 05
81. 01	0. 75	17. 67	34. 26
116. 67	0. 62	21. 60	33. 39
118. 58	0. 58	22. 00	32. 21
108. 14	0. 59	21. 75	34. 53
94. 89	0. 53	20. 62	31. 57
98. 00	0. 39	21. 14	32. 33
94. 42	0. 55	20. 96	40. 47
101. 25	0. 39	19. 68	31. 48
119. 65	0. 58	20. 18	37. 41
92. 05	0. 57	18. 63	33. 37
84. 01	0. 74	18. 69	33. 77

2－3 2008年各月入境外国游客人数

（按年龄和性别分）

MONTHLY FOREIGN VISITOR ARRIVALS BY AGE & SEX 2008

单 位：万人次
UNIT：TEN THOUS. PERSON-TIMES

月 份 MONTH	合 计 TOTAL	年 龄 AGE 14岁及以下 UNDER 14	15～24岁 15－24	25～44岁 25－44	45～64岁 45－64	65岁及以上 OVER 65	性 别 SEX 男 MALE	女 FEMALE
全 年 WHOLE YEAR	**2 432.53**	**98.52**	**206.13**	**1 129.10**	**871.70**	**127.09**	**1 560.90**	**871.64**
一 月 JAN.	210.23	9.57	16.60	101.42	74.18	8.45	137.26	72.97
二 月 FEB.	179.13	9.28	17.25	83.04	61.29	8.27	114.32	64.81
三 月 MAR.	235.92	8.09	19.16	109.41	85.11	14.15	149.90	86.02
四 月 APR.	236.63	6.80	16.15	110.10	88.83	14.77	152.83	83.80
五 月 MAY	211.68	7.70	15.98	97.95	77.63	12.42	135.75	75.93
六 月 JUNE	190.45	7.76	16.22	89.35	68.16	8.96	124.90	65.56
七 月 JULY	191.98	9.99	19.99	89.37	65.10	7.53	124.18	67.80
八 月 AUG.	190.90	11.51	22.62	87.75	61.87	7.15	119.09	71.81
九 月 SEP.	188.33	5.39	15.96	85.99	69.49	11.49	119.65	68.68
十 月 OCT.	231.07	7.10	16.50	105.03	87.52	14.91	148.28	82.78
十一月 NOV.	191.22	6.13	13.61	88.82	71.57	11.08	123.70	67.52
十二月 DEC.	174.98	9.20	16.08	80.87	60.95	7.88	111.02	63.96

资料来源：公安部
SOURCE：MINISTRY OF PUBLIC SECURITY

2-4 2008年各月入境外国游客人数（按入境方式分）

MONTHLY FOREIGN VISITOR ARRIVALS BY MODE OF TRANSPORT 2008

单　位：万人次
UNIT：TEN THOUS. PERSON-TIMES

月　份 MONTH	总　计 TOTAL	船舶 SEA	飞机 AIR	火车 RAIL	汽车 MOTOR	徒步 FOOT
全　年 WHOLE YEAR	**2 432.53**	**274.85**	**1 342.78**	**80.18**	**367.07**	**367.66**
一　月　JAN.	210.23	20.40	115.32	6.85	34.62	33.03
二　月　FEB.	179.13	16.18	106.81	4.57	24.03	27.54
三　月　MAR.	235.92	24.68	127.68	7.35	38.01	38.20
四　月　APR.	236.63	24.81	128.40	8.67	36.48	38.27
五　月　MAY	211.68	24.76	119.30	6.64	28.16	32.82
六　月　JUNE	190.45	23.61	103.39	6.33	28.19	28.95
七　月　JULY	191.98	25.17	103.26	6.43	29.83	27.30
八　月　AUG.	190.90	25.56	106.22	6.25	29.51	23.36
九　月　SEP.	188.33	23.07	105.25	6.57	29.95	23.49
十　月　OCT.	231.07	26.14	131.94	8.38	34.47	30.14
十一月　NOV.	191.22	20.82	102.58	6.85	29.87	31.10
十二月　DEC.	174.98	19.64	92.62	5.29	23.97	33.46

资料来源：公安部
SOURCE：MINISTRY OF PUBLIC SECURITY

2－5　2008年入境外国游客
FOREIGN VISITOR ARRIVALS

国　籍 NATIONALITY		合　计 TOTAL	会议/商务 MEETING/BUSINESS
总　计	**TOTAL**	**2 432.53**	**567.77**
亚　洲	**ASIA**	**1 456.17**	**323.96**
日　本	JAPAN	344.61	88.58
韩　国	KOREA	396.04	113.26
蒙　古	MONGOLIA	70.53	4.09
印度尼西亚	INDONESIA	42.63	1.98
马来西亚	MALAYSIA	104.05	20.41
菲律宾	PHILIPPINES	79.53	4.53
新加坡	SINGAPORE	87.58	12.46
泰　国	THAILAND	55.43	2.58
印　度	INDIA	43.66	12.84
其　他	OTHERS	232.12	63.24
欧　洲	**EUROPE**	**611.27**	**149.13**
英　国	UNITE KINGDOM	55.15	18.59
法　国	FRANCE	43.00	10.04
德　国	GERMANY	52.89	19.92
意大利	ITALY	19.44	7.38
瑞　士	SWITZERLAND	6.34	2.22
瑞　典	SWEDEN	13.77	3.28
荷　兰	NETHERLANDS	18.09	3.85
俄罗斯	RUSSIA	312.34	61.10
其　他	OTHERS	90.25	22.76
美　洲	**AMERICA**	**258.19**	**65.56**
美　国	U. S. A.	178.64	49.80
加拿大	CANADA	53.47	9.66
其　他	OTHERS	26.08	6.10
大洋洲	**OCEANIA**	**68.87**	**14.01**
澳大利亚	AUSTRALIA	57.15	11.81
新西兰	NEW ZEALAND	10.52	1.99
其　他	OTHERS	1.20	0.22
非　洲	**AFRICA**	**37.84**	**15.08**
其　他	**OTHERS**	**0.19**	**0.03**

资料来源：公安部

SOURCE：MINISTRY OF PUBLIC SECURITY

人数（按国籍和目的分）

BY NATIONALITY & PURPOSE 2008

单　位：万人次
UNIT：TEN THOUS. PERSON-TIMES

观光休闲 SIGHTSEEING/ LEISURE	探亲访友 VISITING RELATIVES & FRIENDS	服务员工 WORKER & CREW	其　他 OTHERS
1 203. 96	**6. 79**	**243. 19**	**410. 82**
637. 23	**6. 22**	**163. 34**	**325. 42**
118. 84	3. 03	15. 61	118. 56
210. 93	0. 53	31. 99	39. 33
3. 43	0. 04	3. 77	59. 19
31. 40	0. 03	6. 96	2. 25
70. 38	0. 07	6. 51	6. 68
24. 80	0. 06	43. 89	6. 25
40. 49	2. 21	5. 36	27. 07
44. 38	0. 02	5. 73	2. 72
15. 53	0. 05	9. 32	5. 94
77. 05	0. 17	34. 22	57. 44
355. 43	**0. 23**	**61. 07**	**45. 40**
26. 47	0. 04	3. 03	7. 02
23. 13	0. 05	3. 06	6. 72
21. 17	0. 04	4. 55	7. 21
9. 05	0. 01	0. 92	2. 08
2. 93	0. 00	0. 38	0. 81
7. 49	0. 01	0. 74	2. 25
10. 54	0. 01	1. 67	2. 02
212. 71	0. 02	30. 33	8. 18
41. 94	0. 05	16. 39	9. 11
151. 10	**0. 24**	**12. 13**	**29. 16**
101. 12	0. 15	8. 27	19. 30
34. 68	0. 06	2. 10	6. 97
15. 29	0. 03	1. 76	2. 89
42. 82	**0. 08**	**4. 01**	**7. 96**
36. 09	0. 06	2. 99	6. 21
6. 32	0. 02	0. 56	1. 64
0. 41	0. 00	0. 46	0. 11
17. 31	**0. 02**	**2. 63**	**2. 81**
0. 06	**0. 00**	**0. 00**	**0. 09**

2-6 2008年入境外国游客
FOREIGN VISITOR ARRIVALS

国籍 NATIONALITY		合计 TOTAL	年龄 14岁及以下 UNDER 14	15~24岁 15-24
总计	**TOTAL**	**2 432.53**	**98.52**	**206.13**
亚洲	**ASIA**	**1 456.17**	**51.88**	**107.92**
日本	JAPAN	344.61	9.03	11.92
韩国	KOREA	396.04	19.04	26.80
蒙古	MONGOLIA	70.53	1.90	9.27
印度尼西亚	INDONESIA	42.63	1.63	4.00
马来西亚	MALAYSIA	104.05	4.68	6.52
菲律宾	PHILIPPINES	79.53	1.56	5.02
新加坡	SINGAPORE	87.58	5.03	5.14
泰国	THAILAND	55.43	1.98	3.84
印度	INDIA	43.66	1.23	4.44
其他	OTHERS	232.12	5.78	30.95
欧洲	**EUROPE**	**611.27**	**23.17**	**73.79**
英国	UNITED KINGDOM	55.15	2.04	3.37
法国	FRANCE	43.00	2.04	3.00
德国	GERMANY	52.89	1.63	2.82
意大利	ITALY	19.44	0.39	0.82
瑞士	SWITZERLAND	6.34	0.22	0.32
瑞典	SWEDEN	13.77	0.60	1.14
荷兰	NETHERLANDS	18.09	0.70	1.13
俄罗斯	RUSSIA	312.34	13.22	55.22
其他	OTHERS	90.25	2.33	5.99
美洲	**AMERICA**	**258.19**	**17.80**	**17.78**
美国	U.S.A.	178.64	11.60	12.03
加拿大	CANADA	53.47	4.53	3.57
其他	OTHERS	26.08	1.67	2.18
大洋洲	**OCEANIA**	**68.87**	**5.02**	**4.60**
澳大利亚	AUSTRALIA	57.15	4.02	3.82
新西兰	NEW ZEALAND	10.52	0.95	0.67
其他	OTHERS	1.20	0.05	0.11
非洲	**AFRICA**	**37.84**	**0.65**	**2.03**
其他	**OTHERS**	**0.19**	**0.00**	**0.01**

资料来源：公安部

SOURCE：MINISTRY OF PUBLIC SECURITY

人数（按国籍、年龄和性别分）

BY NATIONALITY, AGE & SEX 2008

单　位：万人次

UNIT：TEN THOUS. PERSON-TIMES

AGE			性　别　SEX	
25～44 岁 25－44	45～64 岁 45－64	65 岁及以上 OVER 65	男 MALE	女 FEMALE
1 129.10	**871.70**	**127.09**	**1 560.90**	**871.64**
704.81	**515.07**	**76.50**	**984.82**	**471.35**
146.46	150.48	26.72	269.64	74.98
168.52	156.52	25.16	259.82	136.22
42.98	15.73	0.64	33.76	36.77
21.75	12.84	2.40	23.12	19.51
51.06	35.44	6.35	63.19	40.86
51.85	19.85	1.25	58.72	20.80
35.85	35.96	5.59	54.80	32.78
25.80	20.12	3.69	26.48	28.94
26.54	10.54	0.90	37.22	6.45
133.99	57.59	3.81	158.07	74.05
281.69	**208.73**	**23.89**	**338.12**	**273.15**
23.38	22.85	3.52	39.24	15.91
20.48	14.99	2.49	28.78	14.22
24.86	20.33	3.24	39.15	13.73
9.94	7.29	0.99	15.25	4.19
2.82	2.55	0.44	4.64	1.70
5.86	5.29	0.88	9.08	4.68
8.17	7.08	1.00	12.37	5.72
139.45	96.37	8.08	124.87	187.47
46.73	31.97	3.24	64.74	25.52
90.68	**110.32**	**21.61**	**166.34**	**91.85**
57.14	81.16	16.72	117.01	61.63
20.46	21.09	3.83	31.99	21.48
13.08	8.07	1.06	17.34	8.73
27.02	**27.67**	**4.57**	**42.98**	**25.89**
21.74	23.62	3.96	35.72	21.43
4.62	3.70	0.58	6.37	4.14
0.66	0.36	0.02	0.88	0.32
24.80	**9.84**	**0.52**	**28.52**	**9.32**
0.10	**0.07**	**0.01**	**0.12**	**0.08**

2－7 2008年入境外国游客人数（按国籍和入境方式分）
FOREIGN VISITOR ARRIVALS BY NATIONALITY & MODE OF TRANSPORT 2008

单 位：万人次
UNIT：TEN THOUS. PERSON-TIMES

国籍 NATIONALITY		总计 TOTAL	船舶 SEA	飞机 AIR	火车 RAIL	汽车 MOTOR	徒步 FOOT
总计	**TOTAL**	**2 432.53**	**274.85**	**1 342.78**	**80.18**	**367.07**	**367.66**
亚洲	**ASIA**	**1 456.17**	**160.28**	**855.80**	**26.78**	**134.56**	**278.75**
日本	JAPAN	344.61	18.87	258.76	5.16	23.26	38.55
韩国	KOREA	396.04	49.02	311.43	2.62	9.72	23.25
蒙古	MONGOLIA	70.53	0.06	7.03	6.24	54.55	2.65
印度尼西亚	INDONESIA	42.63	7.45	17.43	1.00	5.82	10.92
马来西亚	MALAYSIA	104.05	4.26	65.14	1.16	6.26	27.24
菲律宾	PHILIPPINES	79.53	43.98	15.45	0.71	3.32	16.08
新加坡	SINGAPORE	87.58	3.48	59.21	1.07	6.08	17.74
泰国	THAILAND	55.43	2.31	36.07	0.39	3.84	12.81
印度	INDIA	43.66	10.32	19.89	1.47	3.37	8.61
其他	OTHERS	232.12	20.55	65.38	6.96	18.34	120.90
欧洲	**EUROPE**	**611.27**	**94.38**	**248.63**	**39.51**	**195.49**	**33.25**
英国	UNITED KINGDOM	55.15	4.69	35.01	2.51	5.16	7.77
法国	FRANCE	43.00	2.44	32.03	1.46	2.90	4.18
德国	GERMANY	52.89	3.43	42.67	1.22	2.47	3.09
意大利	ITALY	19.44	1.79	14.02	0.72	1.40	1.51
瑞士	SWITZERLAND	6.34	0.34	4.82	0.26	0.40	0.52
瑞典	SWEDEN	13.77	0.69	11.40	0.41	0.56	0.71
荷兰	NETHERLANDS	18.09	0.82	13.83	0.77	1.09	1.57
俄罗斯	RUSSIA	312.34	65.14	32.03	29.84	178.10	7.24
其他	OTHERS	90.25	15.04	62.81	2.31	3.42	6.66
美洲	**AMERICA**	**258.19**	**14.02**	**172.52**	**8.38**	**27.35**	**35.92**
美国	U.S.A.	178.64	9.54	125.12	4.58	17.86	21.54
加拿大	CANADA	53.47	2.85	31.10	2.19	6.74	10.60
其他	OTHERS	26.08	1.64	16.30	1.61	2.74	3.78
大洋洲	**OCEANIA**	**68.87**	**4.90**	**39.86**	**2.77**	**6.77**	**14.57**
澳大利亚	AUSTRALIA	57.15	3.88	33.40	2.27	5.49	12.12
新西兰	NEW ZEALAND	10.52	0.56	6.13	0.47	1.16	2.20
其他	OTHERS	1.20	0.47	0.32	0.03	0.12	0.25
非洲	**AFRICA**	**37.84**	**1.24**	**25.90**	**2.74**	**2.87**	**5.09**
其他	**OTHERS**	**0.19**	**0.01**	**0.07**	**0.00**	**0.03**	**0.07**

资料来源：公安部
SOURCE：MINISTRY OF PUBLIC SECURITY

三、国际旅游（外汇）收入

3. INTERNATIONAL TOURISM RECEIPTS

3－1 1978～2008年国际旅游（外汇）收入

INTERNATIONAL TOURISM RECEIPTS 1978—2008

年 份 YEAR	国际旅游(外汇)收入 (亿美元) TOURISM RECEIPTS (100Mn. US $)	发展指数 (1978年为100) INDICES (1978＝100)	比上年增长 (%) GROWTH (%)
1978	2.63	100.00	—
1979	4.49	170.90	70.90
1980	6.17	234.60	37.30
1981	7.85	298.60	27.30
1982	8.43	320.70	7.40
1983	9.41	358.00	11.60
1984	11.31	430.30	20.20
1985	12.50	475.50	10.50
1986	15.31	582.30	22.50
1987	18.62	708.10	21.60
1988	22.47	854.60	20.70
1989	18.60	707.70	－17.20
1990	22.18	843.50	19.20
1991	28.45	1 082.10	28.30
1992	39.47	1 501.30	38.70
1993	46.83	1 781.40	18.70
1994	73.23	2 785.40	*
1995	87.33	3 321.70	19.25
1996	102.00	3 879.98	16.81
1997	120.74	4 592.67	18.37
1998	126.02	4 793.36	4.37
1999	140.99	5 362.70	11.88
2000	162.24	6 171.17	15.08
2001	177.92	6 767.59	9.67
2002	203.85	7 753.90	14.57
2003	174.06	6 620.82	－14.61
2004	257.39	9 790.35	47.87
2005	292.96	11 143.38	13.82
2006	339.49	12 913.28	15.88
2007	419.19	15 944.81	23.48
2008	408.43	15 535.43	－2.57

注：* 由于国家外汇管理体制变化，1994年国际旅游（外汇）收入统计方法也做了相应的改革，采用了与国际接轨的办法，与往年不能简单对比。

NOTE：* BECAUSE OF THE REFORM IN THE FOREIGN CURRENCY CONTROL SYSTEM, THE METHOD OF CALCULATING TOURISM RECEIPTS IN 1994 HAS ALSO BEEN ADJUSTED AND THE INTERNATIONAL STANDARD IS ADOPTED. IT IS NOT PROPER TO MAKE SIMPLE COMPARISON WITH THE FIGURES OF PREVIOUS YEARS.

3－2　2008年国际旅游（外汇）收入构成
BREAKDOWN OF INTERNATIONAL TOURISM RECEIPTS 2008

单　位：亿美元
UNIT：100Mn. US $

	国际旅游收入 TOURISM RECEIPTS	占总收入比重(%) P. C. TOTAL
总　　计　TOTAL	**408.43**	**100.0**
一、长途交通 LONG-DISTANCE TRANSPORTATION	124.87	30.6
1. 民航　AIR	90.47	22.2
2. 铁路　RAIL	13.46	3.3
3. 汽车　MOTOR	10.47	2.6
4. 轮船　SEA	10.47	2.6
二、游览　SIGHTSEEING	22.02	5.4
三、住宿　ACCOMMODATION	48.60	11.9
四、餐饮　FOOD & BEVERAGE	38.73	9.5
五、商品销售　SHOPPING	85.34	20.9
六、娱乐　ENTERTAINMENT	29.70	7.3
七、邮电通讯　COMMUNICATION	10.02	2.5
八、市内交通　LOCAL TRANSPORTATION	13.55	3.3
九、其他服务　OTHERS	35.60	8.7

3－3　2008年各月国际旅游（外汇）收入
MONTHLY OF INTERNATIONAL TOURISM RECEIPTS 2008

单　位：亿美元
UNIT：100 Mn. US $

月　份 MONTH	总　计 TOTAL	外国人 FOREIGN-ERS	香港同胞 HONG KONG SAR	澳门同胞 MACAO SAR	台湾同胞 TAIWAN PROVINCE
全　年 WHOLE YEAR	**408.43**	**236.99**	**92.60**	**34.03**	**44.81**
一　月　JAN.	34.18	20.56	7.57	2.91	3.16
二　月　FEB.	31.21	17.48	7.18	2.54	4.02
三　月　MAR.	38.18	23.19	8.48	3.00	3.52
四　月　APR.	37.97	23.22	7.79	2.80	4.16
五　月　MAY	34.73	20.56	7.72	2.73	3.71
六　月　JUNE	31.73	18.39	7.17	2.73	3.44
七　月　JULY	33.48	18.50	8.01	2.88	4.08
八　月　AUG.	32.89	18.41	7.70	2.88	3.90
九　月　SEP.	32.31	18.26	7.61	2.76	3.69
十　月　OCT.	37.78	22.81	7.70	2.94	4.33
十一月　NOV.	32.53	18.68	7.57	2.83	3.44
十二月　DEC.	31.42	16.92	8.09	3.05	3.35

3－4　2007～2008年主要城市国际旅游（外汇）收入

INTERNATIONAL TOURISM RECEIPTS BY MAJOR CITIES 2007—2008

单　位：万美元
UNIT：TEN THOUS. US $

城市名称 NAME OF CITY		2008年 2008	2007年 2007	增长(%) GROWTH(%)
北　　京	BEIJING	445 913	457 962	－2.6
天　　津	TIANJIN	100 139	77 871	28.6
石 家 庄	SHIJIAZHUANG	3 703	3 694	0.3
秦 皇 岛	QINHUANGDAO	10 169	13 073	－22.2
承　　德	CHENGDE	5 365	6 814	－21.3
太　　原	TAIYUAN	9 886	6 575	50.4
大　　同	DATONG	5 520	4 187	31.8
呼和浩特	HOHHOT	5 259	4 363	20.5
沈　　阳	SHENYANG	33 009	28 993	13.9
大　　连	DALIAN	65 835	58 125	13.3
长　　春	CHANGCHUN	10 681	8 930	19.6
吉　　林	JILIN	1 396	1 241	12.5
延　　边	YANBIAN	7 208	6 160	17.0
哈 尔 滨	HARBIN	18 034	15 316	17.7
上　　海	SHANGHAI	497 172	467 297	6.4
南　　京	NANJING	87 174	80 764	7.9
无　　锡	WUXI	33 518	36 249	－7.5
苏　　州	SUZHOU	99 547	88 916	12.0
南　　通	NANTONG	28 368	24 728	14.7
连 云 港	LIANYUNGANG	7 959	7 789	2.2
杭　　州	HANGZHOU	129 610	112 665	15.0
宁　　波	NINGBO	46 874	43 070	8.8
温　　州	WENZHOU	16 109	14 083	14.4
合　　肥	HEFEI	8 229	6 294	30.7
黄　　山	HUANGSHAN	22 014	17 507	25.7
福　　州	FUZHOU	65 750	59 868	9.8
厦　　门	XIAMEN	81 865	71 880	13.9
泉　　州	QUANZHOU	65 980	49 398	33.6

3-4(续1)

城市名称 NAME OF CITY	2008年 2008	2007年 2007	增长(%) GROWTH(%)
漳州 ZHANGZHOU	11 653	22 469	-48.1
南昌 NANCHANG	2 989	2 555	17.0
九江 JIUJIANG	6 159	5 566	10.6
济南 JINAN	8 336	7 075	17.8
青岛 QINGDAO	50 030	67 507	-25.9
烟台 YANTAI	26 708	22 950	16.4
威海 WEIHAI	13 734	12 447	10.3
郑州 ZHENGZHOU	11 823	10 884	8.6
洛阳 LUOYANG	11 051	9 537	15.9
武汉 WUHAN	25 429	22 828	11.4
长沙 CHANGSHA	36 304	30 440	19.3
广州 GUANGZHOU	313 036	319 147	-1.9
深圳 SHENZHEN	270 399	262 328	3.1
珠海 ZHUHAI	94 823	90 240	5.1
汕头 SHANTOU	6 490	5 936	9.3
湛江 ZHANJIANG	1 891	1 785	5.9
中山 ZHONGSHAN	22 702	21 678	4.7
南宁 NANNING	4 127	4 172	-1.1
桂林 GUILIN	39 218	36 006	8.9
北海 BEIHAI	1 559	1 401	11.3
海口 HAIKOU	3 702	4 126	-10.3
三亚 SANYA	26 255	24 408	7.6
重庆 CHONGQING	44 978	38 231	17.6
成都 CHENGDU	15 388	26 142	-41.1
贵阳 GUIYANG	6 150	3 387	81.6
昆明 KUNMING	20 686	20 784	-0.5
拉萨 LHASA	2 122	5 866	-63.8
西安 XI'AN	35 956	54 300	-33.8
兰州 LANZHOU	360	1 502	-76.1
西宁 XINING	895	1 221	-26.7
银川 YINCHUAN	224	221	1.5
乌鲁木齐 URUMQI	8 921	10 587	-15.7

3-5 2007~2008年各地区国际旅游（外汇）收入
INTERNATIONAL TOURISM RECEIPTS BY LOCALITY 2007—2008

单 位：万美元
UNIT：TEN THOUS. US $

地区 LOCALITY		2008年 2008	按收入高低排列名次 POSITION	2007年 2007	按收入高低排列名次 POSITION	2008年比2007年增长(%) GROWTH(%)
北京	BEIJING	445 913	3	457 962	3	-2.6
天津	TIANJIN	100 139	10	77 871	10	28.6
河北	HEBEI	27 395	22	30 911	21	-11.4
山西	SHANXI	30 065	21	22 171	23	35.6
内蒙古	INNER MONGOLIA	57 719	15	54 485	15	5.9
辽宁	LIAONING	152 618	7	122 786	8	24.3
吉林	JILIN	21 144	24	17 931	25	17.9
黑龙江	HEILONGJIANG	86 995	11	64 270	11	35.4
上海	SHANGHAI	497 172	2	467 297	2	6.4
江苏	JIANGSU	388 020	4	346 900	4	11.9
浙江	ZHEJIANG	302 408	5	270 790	5	11.7
安徽	ANHUI	45 445	16	34 400	19	32.1
福建	FUJIAN	239 353	6	216 936	6	10.3
江西	JIANGXI	25 170	23	19 554	24	28.7
山东	SHANDONG	139 110	8	135 185	7	2.9
河南	HENAN	37 444	19	31 801	20	17.7
湖北	HUBEI	44 255	18	41 264	17	7.2
湖南	HUNAN	61 742	13	64 218	12	-3.9
广东	GUANGDONG	917 498	1	870 552	1	5.4
广西	GUANGXI	60 166	14	57 708	14	4.3
海南	HAINAN	31 388	20	30 160	22	4.1
重庆	CHONGQING	44 978	17	38 231	18	17.6
四川	SICHUAN	15 388	25	51 243	16	-70.0
贵州	GUIZHOU	11 697	27	12 918	28	-9.4
云南	YUNNAN	100 755	9	85 958	9	17.2
西藏	TIBET	3 112	28	13 529	27	-77.0
陕西	SHAANXI	66 011	12	61 211	13	7.8
甘肃	GANSU	1 603	29	7 021	29	-77.2
青海	QINGHAI	1 015	30	1 590	30	-36.2
宁夏	NINGXIA	301	31	261	31	15.3
新疆	XINJIANG	13 578	26	16 190	26	-16.1

3－6　2008年入境旅游者人均天消费情况（按地区分）

THE AVERAGE DAILY PER CAPITA EXPENDITURE BY INTERNATIONAL TOURISTS 2008

地　区 LOCALITY		人均天花费（美元/人天）(US $/NIGHT)	AVERAGE EXPENDITURE			
			外国人 FOREIGN-ERS	香港同胞 HONG KONG SAR	澳门同胞 MACAO SAR	台湾同胞 TAIWAN PROVINCE
北　京	BEIJING	255.79	254.21	264.83	263.59	274.04
天　津	TIANJIN	203.65	202.62	209.48	184.85	211.41
河　北	HEBEI	158.24	159.91	136.52	170.00	151.51
山　西	SHANXI	182.93	176.27	195.90	224.02	191.94
内蒙古	INNER MONGOLIA	181.51	178.98	218.09	180.00	197.11
辽　宁	LIAONING	207.84	207.61	211.90	217.54	199.01
吉　林	JILIN	181.62	181.48	191.85	192.44	168.56
黑龙江	HEILONGJIANG	196.76	196.36	207.29	207.47	188.83
上　海	SHANGHAI	250.57	250.15	258.39	258.59	245.15
江　苏	JIANGSU	216.26	215.88	230.06	227.83	201.81
浙　江	ZHEJIANG	215.09	216.27	206.73	212.98	215.78
安　徽	ANHUI	185.11	187.57	180.47	148.78	182.01
福　建	FUJIAN	194.71	195.19	196.52	181.79	193.26
江　西	JIANGXI	156.60	160.97	150.23	138.07	150.53
山　东	SHANDONG	211.62	209.22	232.87	206.14	213.89
河　南	HENAN	156.47	159.76	162.85	75.47	92.67
湖　北	HUBEI	197.56	199.93	196.34	196.27	192.46
湖　南	HUNAN	192.21	193.45	187.22	162.06	193.13
广　东	GUANGDONG	164.48	166.60	157.62	169.89	164.95
广　西	GUANGXI	181.17	178.90	185.49	183.27	189.63
海　南	HAINAN	168.48	169.71	167.11	126.17	170.75
重　庆	CHONGQING	177.04	182.96	173.26	150.97	151.44
四　川	SICHUAN	173.39	171.83	179.46	165.98	180.84
贵　州	GUIZHOU	169.01	171.16	169.03	143.87	161.15
云　南	YUNNAN	187.29	184.15	219.69	229.07	168.05
西　藏	TIBET	171.27	183.20	174.94	163.96	131.98
陕　西	SHAANXI	195.82	196.30	193.64	168.25	192.94
甘　肃	GANSU	154.41	156.27	161.10	139.97	106.45
青　海	QINGHAI	149.95	150.15	160.23	119.43	147.10
宁　夏	NINGXIA	152.78	152.20	164.73	95.79	149.89
新　疆	XINJIANG	169.58	171.88	156.25	152.26	163.14

资料来源：2008年“入境游客在华花费情况抽样调查”

SOURCE: THE 2008 SAMPLING OF EXPENDITURES BY INTERNATIONAL VISITORS IN CHINA

3－7　2008年入境旅游者

BREAKDOWN OF THE AVERAGE DAILY PER CAPITA

地　区 LOCALITY	人均天花费 （美元/人天） EXPENDITURE （US $/NIGHT）	人均天消费构成（%）		
		长途交通 LONG-DISTANCE TRANSPORTATION	游　览 SIGHTSEEING	住　宿 ACCOMMO- DATION
北　京　BEIJING	255.79	31.1	4.8	16.4
天　津　TIANJIN	203.65	37.5	4.9	15.4
河　北　HEBEI	158.24	36.2	5.2	11.8
山　西　SHANXI	182.93	31.6	8.1	15.3
内蒙古　INNER MONGOLIA	181.51	25.0	3.2	8.3
辽　宁　LIAONING	207.84	35.6	5.0	16.5
吉　林　JILIN	181.62	31.3	4.7	12.9
黑龙江　HEILONGJIANG	196.76	28.9	3.0	9.9
上　海　SHANGHAI	250.57	39.7	3.7	16.6
江　苏　JIANGSU	216.26	27.4	4.0	14.9
浙　江　ZHEJIANG	215.09	29.8	3.3	16.7
安　徽　ANHUI	185.11	30.1	4.3	12.2
福　建　FUJIAN	194.71	36.0	3.2	10.1
江　西　JIANGXI	156.60	36.6	4.3	10.6
山　东　SHANDONG	211.62	32.1	4.3	15.4
河　南　HENAN	156.47	36.7	6.9	13.8
湖　北　HUBEI	197.56	41.4	3.5	11.8
湖　南　HUNAN	192.21	25.8	8.2	11.7
广　东　GUANGDONG	164.48	36.1	4.0	10.8
广　西　GUANGXI	181.17	36.3	6.0	11.7
海　南　HAINAN	168.48	27.6	3.5	17.9
重　庆　CHONGQING	177.04	45.8	2.3	8.9
四　川　SICHUAN	173.39	37.9	5.2	13.4
贵　州　GUIZHOU	169.01	31.3	3.7	11.7
云　南　YUNNAN	187.29	34.6	4.9	11.5
西　藏　TIBET	171.27	52.2	5.5	11.5
陕　西　SHAANXI	195.82	27.9	5.2	12.6
甘　肃　GANSU	154.41	38.2	5.7	12.0
青　海　QINGHAI	149.95	23.7	10.4	10.1
宁　夏　NINGXIA	152.78	30.7	7.5	16.4
新　疆　XINJIANG	169.58	23.4	3.2	7.9

资料来源：2008年“入境游客在华花费情况抽样调查”

SOURCE：THE 2008 SAMPLING OF EXPENDITURES BY INTERNATIONAL VISITORS IN CHINA

人均天消费构成

EXPENDITURE BY INTERNATIONAL TOURISTS 2008

BREAKDOWN OF EXPENDITURE(%)					
餐　饮 FOOD & BEVERAGE	购　物 SHOPPING	娱　乐 ENTER-TAINMENT	邮电通讯 COMMU-NICATION	市内交通 LOCAL TRANS-PORTATION	其他服务 OTHERS
8.7	19.1	4.5	3.8	2.4	9.2
8.6	17.3	4.9	2.3	2.5	6.6
8.1	13.1	7.2	4.8	4.0	9.6
7.9	14.6	5.1	3.8	1.5	12.1
6.2	40.5	4.0	4.2	1.1	7.5
10.0	16.5	5.3	2.3	2.4	6.4
8.5	25.7	5.5	2.2	1.8	7.4
8.2	34.5	2.0	3.4	1.7	8.4
8.0	15.0	5.7	2.0	2.5	6.8
10.5	23.5	6.6	2.4	2.3	8.4
11.4	20.5	6.0	3.0	2.7	6.6
8.9	24.9	4.8	4.6	1.9	8.3
8.4	20.3	7.1	3.1	2.0	9.8
8.6	25.1	4.5	2.3	0.8	7.2
7.8	17.0	8.4	2.3	2.2	10.5
9.1	18.3	1.0	3.2	2.5	8.5
8.2	18.1	4.0	2.6	2.5	7.9
8.4	28.9	2.9	3.6	2.9	7.6
8.0	18.6	7.0	2.6	2.2	10.7
8.6	21.9	4.7	2.6	2.7	5.5
8.6	18.4	6.9	3.2	2.9	11.0
6.9	23.2	2.9	3.3	1.5	5.2
7.5	18.0	5.7	3.1	2.6	6.6
8.2	27.3	4.4	4.4	3.1	5.9
7.0	21.9	4.4	2.8	1.8	11.1
6.9	15.6	2.9	3.1	0.8	1.5
8.2	25.4	5.8	4.6	3.0	7.3
8.2	23.4	2.8	2.6	1.6	5.5
5.4	26.2	2.1	4.1	0.8	17.2
7.5	13.6	8.5	3.3	3.9	8.6
5.7	48.1	1.0	2.7	2.5	5.5

3-8　2008年入境旅游者

（按年龄、性别、

THE AVERAGE DAILY PER CAPITA

TOURISTS BY AGE, SEX,

		人均天花费（美元/人天）EXPENDITURE	外国人 FOREIGNERS
总平均	**AVERAGE TOTAL**	**186. 18**	**200. 43**
14岁及以下	UNDER 14	160. 94	197. 20
15～24岁	15－24	171. 37	188. 38
25～44岁	25－44	183. 32	200. 05
45～64岁	45－64	193. 58	203. 49
65岁及以上	OVER 65	193. 71	204. 21
男	MALE	188. 84	201. 76
女	FEMALE	181. 89	198. 18
政府工作人员	OFFICIAL	194. 57	199. 31
专业技术人员	PROFESSIONAL	187. 19	203. 12
职　　员	CLERK	187. 73	209. 68
技工/工人	TECHNICIAN/WORKER	169. 79	196. 52
商贸人员	BUSINESSMAN	197. 60	202. 95
服务员/推销员	WAITER/SALESMAN	149. 70	175. 70
退休人员	RETIRED	182. 50	198. 92
家庭妇女	HOUSEWIFE	186. 80	206. 05
军　　人	ARMYMAN	210. 52	218. 53
学　　生	STUDENT	172. 29	186. 82
其　　他	OTHER	179. 2[illegible]	189. 14
观光游览	SIGHTSEEING	193. 71	202. 82
休闲度假	LEISURE/HOLIDAY	181. 97	199. 47
探亲访友	VISITING RELATIVES & FRIENDS	138. 59	188. 06
商　　务	BUSINESS	195. 81	204. 00
会　　议	MEETING	228. 70	228. 21
宗教朝拜	RELIGION/PILGRIMAGE	180. 94	181. 54
文化体育科技交流	CULTURAL/SPORTS/SCIENTIFIC EXCHANGE PROGRAMME	200. 20	202. 87
其　　他	OTHERS	162. 65	163. 31

资料来源：2008年“入境游客花费情况抽样调查”

SOURCE: THE 2008 SAMPLING OF EXPENDITURES BY INTERNATIONAL VISITORS IN CHINA

人均天消费情况

职业和目的分）

EXPENDITURE BY INTERNATIONAL OCCUPATION & PURPOSE 2008

单位：美元/人天
UNIT：US $/DAILY PER CAPITA

香港同胞 HONG KONG SAR	澳门同胞 MACAO SAR	台湾同胞 TAIWAN PROVINCE
137.98	**125.03**	**186.42**
73.38	58.68	143.58
129.34	92.77	167.88
135.02	137.99	180.90
149.28	132.70	199.14
130.57	131.66	172.17
139.72	130.76	193.59
135.36	119.54	176.24
172.29	166.45	194.34
137.94	120.67	186.48
131.64	138.13	174.95
101.54	123.23	185.60
171.85	134.74	210.32
99.01	158.76	182.29
128.14	96.04	178.11
113.52	113.56	171.64
141.66	50.96	176.18
128.31	96.66	167.97
136.16	140.18	168.83
159.95	126.14	175.58
140.58	126.45	187.32
89.37	88.32	157.54
158.97	145.54	201.31
224.31	193.51	247.38
87.28	0.00	238.99
189.63	178.70	198.99
150.90	70.31	214.60

四、国内旅游基本情况

4. STATISTICS OF DOMESTIC TOURISM

4－1　2008年全国国内旅游基本情况

MAJOR STATISTICS OF DOMESTIC TOURISM 2008

	总人次数（亿人次）DOMESTIC VISITORS（100Mn. PERSON TIMES）	＊出游率（%）RATE（%）	总花费（亿元）DOMESTIC TOURISM EXPENDITURE（100Mn. RMB ¥）	人均花费（元）PER CAPITA EXPENDITURE（RMB ¥）
全国总计 TOTAL	**17.12**	**129.6**	**8 749.30**	**511.0**
城镇居民 URBAN RESIDENTS	7.03	167.4	5 971.75	849.4
农村居民 RURAL RESIDENTS	10.09	111.9	2 777.55	275.3
城镇居民 URBAN RESIDENTS	7.03	167.4	5 971.75	849.4
一季度 JAN.—MAR.	1.77	42.2	1 622.43	915.9
二季度 APR.—JUNE	1.66	39.4	1 381.61	834.8
三季度 JULY—SEP.	1.74	41.3	1 521.14	876.7
四季度 OCT.—DEC.	1.87	44.5	1 446.57	773.9

注：＊出游率指城镇居民或农村居民出游人次数占其总人口数的比重。

NOTE：＊RATE IS THE RATIO THAT THE TOTAL AMOUNT OF THE URBAN VISITORS OR THE RURAL VISITORS COMPARES TO THE URBAN RESIDENTS OR THE RURAL RESIDENTS.

4－2　2008年城镇居民国内旅游情况(按城市分)

STATISTICS OF DOMESTIC TOURISM OF URBAN RESIDENTS BY MAJOR CITIES 2008

城　　市 NAME OF CITY	人均花费(元) PER CAPITA EXPENDITURE (RMB ￥)	比上年增长(%) GROWTH (%)	出游率(%) RATE (%)	比上年增长(百分点) GROWTH (%)
总平均　AVERAGE TOTAL	**849.36**	**-6.35**	**167.39**	**1.11**
北　京　BEIJING	1 162.29	28.22	214.34	-42.78
天　津　TIANJIN	676.12	-12.54	188.33	-23.00
呼和浩特　HOHHOT	1 344.58	-26.65	56.30	-21.17
沈　阳　SHENYANG	812.40	57.30	162.97	0.23
大　连　DALIAN	297.91	-21.72	354.77	166.55
长　春　CHANGCHUN	1 207.16	-45.61	35.98	-38.95
哈尔滨　HARBIN	1 594.45	-0.55	89.26	-12.70
上　海　SHANGHAI	616.96	-33.87	249.92	114.35
南　京　NANJING	1 814.17	-10.95	72.88	-17.51
无　锡　WUXI	1 324.53	62.48	70.73	-49.73
杭　州　HANGZHOU	1 093.60	30.18	150.02	4.16
宁　波　NINGBO	1 037.30	5.85	234.27	57.20
福　州　FUZHOU	1 150.81	25.17	91.25	-33.86
厦　门　XIAMEN	1 059.06	-11.52	121.49	-15.16
南　昌　NANCHANG	1 394.21	18.43	36.52	-35.55
济　南　JINAN	601.39	-8.61	241.44	152.81
郑　州　ZHENGZHOU	842.71	-15.52	17.57	-47.94
武　汉　WUHAN	699.64	-29.47	279.84	126.71
长　沙　CHANGSHA	1 257.94	-14.14	125.76	-177.87
广　州　GUANGZHOU	654.23	-13.11	286.62	88.41
深　圳　SHENZHEN	2 035.63	43.36	206.32	-161.42
海　口　HAIKOU	1 210.90	30.20	136.43	18.98
重　庆　CHONGQING	786.34	-1.15	219.89	52.38
成　都　CHENGDU	731.14	7.41	235.94	50.92
昆　明　KUNMING	592.12	-66.59	103.90	-27.60
拉　萨　LHASA	5 997.39	304.37	6.62	-260.97
西　安　XI'AN	600.08	54.66	180.72	-85.98
兰　州　LANZHOU	666.17	33.52	183.64	-4.72
西　宁　XINING	815.19	-62.35	116.41	5.80
乌鲁木齐　URUMQI	1 397.61	21.14	34.41	-66.76

4-3 2008年城镇居民国内出游情况(按城市和家庭月总收入分组)

DOMESTIC TOURISM OF URBAN RESIDENTS BY INCOME 2008

城市 NAME OF CITY		合计 TOTAL (%)	家庭月总收入(%) FAMILY INCOME MONTHLY(%)					
			15000元以上 OVER 15000	10000~14999元 10000-14999	5000~9999元 5000-9999	2500~4999元 2500-4999	1000~2499元 1000-2499	999元以下 LESS THAN 999
总平均	**AVERAGE TOTAL**	**100.0**	**4.1**	**6.6**	**32.1**	**41.7**	**14.6**	**0.8**
北京	BEIJING	100.0	5.3	13.7	52.2	25.4	3.1	0.2
天津	TIANJIN	100.0	0.5	4.0	29.5	47.4	17.8	0.9
呼和浩特	HOHHOT	100.0	4.4	1.6	29.8	54.6	8.6	1.0
沈阳	SHENYANG	100.0	6.6	2.6	24.4	52.6	13.4	0.3
大连	DALIAN	100.0	1.0	0.7	28.1	61.7	8.4	0.0
长春	CHANGCHUN	100.0	0.0	0.0	36.5	45.0	18.0	0.5
哈尔滨	HARBIN	100.0	2.9	3.3	22.8	43.0	26.9	1.0
上海	SHANGHAI	100.0	6.9	15.1	41.4	29.2	7.2	0.2
南京	NANJING	100.0	12.8	10.8	42.8	29.7	3.9	0.0
无锡	WUXI	100.0	14.7	8.0	35.3	30.0	12.0	0.0
杭州	HANGZHOU	100.0	6.7	8.6	37.6	36.7	10.2	0.2
宁波	NINGBO	100.0	9.8	12.7	30.3	38.4	7.0	1.8
福州	FUZHOU	100.0	2.3	11.7	48.4	31.8	5.7	0.2
厦门	XIAMEN	100.0	15.4	17.8	47.1	15.8	3.7	0.2
南昌	NANCHANG	100.0	1.4	0.0	10.9	49.5	37.7	0.5
济南	JINAN	100.0	1.3	1.4	10.4	45.1	38.5	3.3
郑州	ZHENGZHOU	100.0	0.0	6.4	29.1	42.6	22.0	0.0
武汉	WUHAN	100.0	5.2	6.2	31.9	41.5	14.8	0.4
长沙	CHANGSHA	100.0	5.1	5.4	27.8	40.8	20.1	0.7
广州	GUANGZHOU	100.0	1.0	5.1	51.7	39.1	2.7	0.3
深圳	SHENZHEN	100.0	11.3	15.1	29.4	29.2	14.6	0.5
海口	HAIKOU	100.0	2.6	3.8	20.8	50.5	22.0	0.3
重庆	CHONGQING	100.0	2.4	5.3	34.2	42.1	15.4	0.6
成都	CHENGDU	100.0	2.6	3.5	23.8	42.5	26.7	1.0
昆明	KUNMING	100.0	2.0	4.4	22.1	49.2	20.7	1.6
拉萨	LHASA	100.0	0.0	0.0	31.0	55.2	13.8	0.0
西安	XI'AN	100.0	1.6	1.7	19.6	55.0	18.9	3.2
兰州	LANZHOU	100.0	0.0	1.4	12.9	48.8	33.6	3.4
西宁	XINING	100.0	1.3	3.5	17.8	45.1	29.0	3.3
乌鲁木齐	URUMQI	100.0	0.0	4.9	32.5	45.4	16.6	0.6

4－4　2008年城镇居民国内旅游出游人均

PER CAPITA EXPENDITURE ON DOMESTIC TOURISM

城　市 NAME OF CITY	人均花费 PER CAPITA EXPENDITURE	家庭月总收入	
		15000元以上 OVER 15000	10000～14999元 10000－14999
合　　计　TOTAL	**849.4**	**1 769.3**	**1 389.5**
北　　京　BEIJING	1 162.3	1 834.6	1 863.8
天　　津　TIANJIN	676.1	734.7	1 089.2
呼和浩特　HOHHOT	1 344.6	664.4	1 480.2
沈　　阳　SHENYANG	812.4	3 452.0	2 242.1
大　　连　DALIAN	297.9	192.5	377.3
长　　春　CHANGCHUN	1 207.2	—	—
哈 尔 滨　HARBIN	1 594.4	2 649.2	1 741.3
上　　海　SHANGHAI	617.0	1 012.7	790.6
南　　京　NANJING	1 814.2	2 344.2	1 331.3
无　　锡　WUXI	1 324.5	1 469.1	2 482.6
杭　　州　HANGZHOU	1 093.6	1 399.2	1 527.3
宁　　波　NINGBO	1 037.3	1 297.7	874.5
福　　州　FUZHOU	1 150.8	1 695.9	1 447.0
厦　　门　XIAMEN	1 059.1	1 844.7	1 342.7
南　　昌　NANCHANG	1 394.2	1 438.9	—
济　　南　JINAN	601.4	162.3	3 408.7
郑　　州　ZHENGZHOU	842.7	—	724.2
武　　汉　WUHAN	699.6	1 028.5	970.0
长　　沙　CHANGSHA	1 257.9	2 307.4	1 681.4
广　　州　GUANGZHOU	654.2	2 508.1	779.6
深　　圳　SHENZHEN	2 035.6	2 733.4	2 540.7
海　　口　HAIKOU	1 210.9	746.4	2 249.8
重　　庆　CHONGQING	786.3	2 074.6	1 301.5
成　　都　CHENGDU	731.1	2 097.9	1 823.0
昆　　明　KUNMING	592.1	666.0	1 110.3
拉　　萨　LHASA	5 997.4	—	—
西　　安　XI'AN	600.1	631.8	548.6
兰　　州　LANZHOU	666.2	—	2 637.3
西　　宁　XINING	815.2	2 286.2	908.1
乌鲁木齐　URUMQI	1 397.6	—	869.8

花费情况（按城市和家庭月总收入分组）

OF URBAN RESIDENTS BY INCOME 2008

单位：元/人　UNIT：RMB ¥/PERSON

FAMILY INCOME MONTHLY			
5000～9999 元 5000－9999	**2500～4999 元** 2500－4999	**1000～2499 元** 1000－2499	**999 元以下** LESS THAN 999
980.3	**689.1**	**534.3**	**546.5**
1 160.6	725.2	404.4	2 456.6
774.0	609.0	598.8	675.6
1 097.7	1 405.8	2 280.4	98.0
726.0	550.2	427.1	358.3
358.6	279.0	239.6	—
1 347.2	1 334.2	628.8	295.4
2 118.9	1 666.5	943.6	440.8
665.6	416.1	426.5	71.6
1 924.0	1 754.1	654.5	—
1 460.1	1 178.1	342.7	—
1 232.2	887.0	777.3	171.8
1 357.5	844.6	832.3	290.5
1 329.8	818.3	623.5	2 308.9
868.2	610.4	652.1	2 754.8
2 286.2	1 535.3	956.6	795.2
1 002.5	647.9	372.5	355.8
1 236.4	794.3	450.0	—
847.3	639.8	338.9	119.9
1 536.9	1 206.3	627.6	502.3
705.3	538.6	448.4	259.2
2 082.5	1 827.9	1 315.6	1 583.1
2 036.2	1 002.7	797.2	2 58.4
917.8	669.4	445.9	499.7
890.8	626.2	488.5	565.9
773.8	473.9	597.2	141.9
7 270.7	6 661.0	477.8	—
1 104.5	468.0	461.5	609.4
1 095.7	631.1	501.4	386.7
1 241.7	811.1	438.7	1 177.9
1 257.0	1 714.9	1 008.9	92.3

4-5 2008年城镇居民国内

DOMESTIC TOURSIM OF URBAN

城市 NAME OF CITY		合计 TOTAL (%)	旅游目的(%)	
			观光旅游 SIGHTSEEING	休闲度假 HOLIDAYS & LEISURE
总平均	**AVERAGE TOTAL**	**100.0**	**27.3**	**24.9**
北京	BEIJING	100.0	36.7	30.8
天津	TIANJIN	100.0	28.6	18.1
呼和浩特	HOHHOT	100.0	25.7	8.6
沈阳	SHENYANG	100.0	26.7	24.8
大连	DALIAN	100.0	13.4	29.6
长春	CHANGCHUN	100.0	20.3	25.7
哈尔滨	HARBIN	100.0	30.1	28.9
上海	SHANGHAI	100.0	36.1	17.6
南京	NANJING	100.0	44.9	24.9
无锡	WUXI	100.0	31.3	26.0
杭州	HANGZHOU	100.0	36.0	17.2
宁波	NINGBO	100.0	28.8	18.5
福州	FUZHOU	100.0	31.6	26.2
厦门	XIAMEN	100.0	24.6	7.5
南昌	NANCHANG	100.0	35.0	15.9
济南	JINAN	100.0	52.5	8.1
郑州	ZHENGZHOU	100.0	50.4	2.1
武汉	WUHAN	100.0	20.7	24.2
长沙	CHANGSHA	100.0	15.5	17.8
广州	GUANGZHOU	100.0	29.9	26.1
深圳	SHENZHEN	100.0	22.4	23.7
海口	HAIKOU	100.0	13.4	8.9
重庆	CHONGQING	100.0	22.1	30.2
成都	CHENGDU	100.0	24.2	41.9
昆明	KUNMING	100.0	25.7	50.9
拉萨	LHASA	100.0	0.0	24.1
西安	XI'AN	100.0	28.6	25.4
兰州	LANZHOU	100.0	31.4	26.3
西宁	XINING	100.0	10.3	44.4
乌鲁木齐	URUMQI	100.0	24.5	29.4

出游情况（按城市和旅游目的分组）

RESIDENTS BY PURPOSE 2008

PURPOSE(%)			
商务出差 BUSINESS & PROFESSIONAL	探亲访友 VISITING RELATIVES & FRIENDS	健康医疗 HEALTH & MEDICAL CARE	其 他 OTHERS
3.3	**36.7**	**1.1**	**6.7**
3.3	26.0	0.5	2.8
2.4	42.0	4.3	4.6
11.1	45.4	3.2	6.0
8.3	30.8	2.6	6.8
0.8	47.9	1.1	7.2
5.9	28.4	0.9	18.9
7.7	27.1	0.6	5.7
1.1	36.5	0.3	8.4
4.1	24.7	0.0	1.4
8.7	24.7	0.0	9.3
5.0	37.3	0.6	3.9
3.9	35.6	0.9	12.3
4.1	30.8	1.3	6.0
5.2	56.5	0.6	5.7
10.9	32.3	0.0	5.9
1.5	31.0	0.3	6.6
5.7	41.8	0.0	0.0
2.6	40.2	1.6	10.6
2.9	57.2	0.6	6.0
2.2	39.6	0.1	2.1
2.4	41.2	1.8	8.5
8.3	62.3	1.3	5.8
3.5	38.3	0.7	5.2
2.0	22.5	0.8	8.6
0.6	17.3	0.6	4.8
27.6	31.0	0.0	17.2
2.9	36.3	1.4	5.3
3.5	27.6	0.5	10.7
8.7	28.3	0.2	8.2
9.2	32.5	0.6	3.7

4-6 2008年城镇居民国内旅游出游人均
PER CAPITA EXPENDITURE ON DOMESTIC TOURISM

城市 NAME OF CITY		人均花费 PER CAPITA EXPENDITURE	旅游目的	
			观光旅游 SIGHTSEEING	休闲度假 HOLIDAYS & LEISURE
合　　计	**TOTAL**	**849.4**	**1 072.7**	**682.6**
北　　京	BEIJING	1 162.3	1 215.4	1 107.2
天　　津	TIANJIN	676.1	738.3	560.9
呼和浩特	HOHHOT	1 344.6	2 264.1	1 620.3
沈　　阳	SHENYANG	812.4	857.9	775.1
大　　连	DALIAN	297.9	418.1	154.3
长　　春	CHANGCHUN	1 207.2	1 526.2	1 150.1
哈 尔 滨	HARBIN	1 594.4	1 822.7	921.0
上　　海	SHANGHAI	617.0	684.5	690.2
南　　京	NANJING	1 814.2	1 936.8	1 313.5
无　　锡	WUXI	1 324.5	1 402.1	1 153.5
杭　　州	HANGZHOU	1 093.6	1 171.5	1 360.8
宁　　波	NINGBO	1 037.3	1 297.8	844.5
福　　州	FUZHOU	1 150.8	1 145.1	985.8
厦　　门	XIAMEN	1 059.1	1 101.3	630.4
南　　昌	NANCHANG	1 394.2	1 392.9	1 664.7
济　　南	JINAN	601.4	557.7	1 171.6
郑　　州	ZHENGZHOU	842.7	1 016.9	166.6
武　　汉	WUHAN	699.6	1 156.0	594.5
长　　沙	CHANGSHA	1 257.9	2 702.9	1 036.6
广　　州	GUANGZHOU	654.2	683.9	627.7
深　　圳	SHENZHEN	2 035.6	2 035.9	1 661.5
海　　口	HAIKOU	1 210.9	1 071.3	1 410.4
重　　庆	CHONGQING	786.3	1 608.4	509.3
成　　都	CHENGDU	731.1	1 386.7	482.6
昆　　明	KUNMING	592.1	1 232.5	320.6
拉　　萨	LHASA	5 997.4	—	11 049.6
西　　安	XI'AN	600.1	799.8	390.4
兰　　州	LANZHOU	666.2	837.4	462.9
西　　宁	XINING	815.2	1 172.0	356.1
乌鲁木齐	URUMQI	1 397.6	1 835.3	932.6

花费情况（按城市和旅游目的分组）

OF URBAN RESIDENTS BY CITY & PURPOSE 2008

单　位：元/人
UNIT：RMB ¥/PERSON

商务出差 BUSINESS & PROFESSIONAL	探亲访友 VISITING RELATIVES & FRIENDS	健康医疗 HEALTH & MEDICINAL CARE	其　他 OTHERS
2 350. 6	**703. 3**	**671. 6**	**653. 3**
3 342. 4	909. 1	362. 5	982. 1
2 131. 3	596. 3	367. 7	995. 5
1 974. 1	673. 2	1 798. 0	687. 2
2 229. 7	513. 0	821. 3	399. 3
1 521. 2	298. 4	216. 8	540. 8
2 079. 0	954. 4	6 262. 2	811. 5
4 280. 4	1 113. 8	6 022. 7	2 021. 1
2 628. 4	481. 6	1 498. 3	465. 4
2 168. 3	2 088. 8	—	899. 3
2 648. 7	787. 2	—	1 730. 9
1 992. 0	784. 8	1 941. 4	874. 0
4 007. 6	712. 0	444. 6	750. 6
3 017. 2	1 258. 5	216. 6	289. 8
2 501. 8	1 036. 7	304. 4	417. 5
2 623. 7	970. 4	—	718. 5
1 069. 8	497. 7	349. 3	641. 3
1 342. 6	599. 6	—	—
2 705. 4	482. 6	383. 1	418. 6
1 979. 7	975. 0	307. 9	607. 8
2 536. 8	542. 4	527. 5	710. 8
2 054. 3	2 323. 1	1 258. 6	1 845. 5
2 589. 6	999. 7	2 779. 7	1 174. 7
1 824. 9	480. 3	197. 2	527. 9
1 568. 2	544. 1	689. 6	397. 1
658. 9	541. 9	472. 0	229. 1
6 324. 7	1 240. 1	—	6 963. 7
1 936. 4	525. 0	448. 6	348. 3
1 610. 1	672. 3	608. 2	343. 5
1 245. 3	1 247. 7	4 518. 4	833. 0
1 844. 8	1 228. 4	1 491. 0	2 561. 7

4－7 2008年农村居民国内旅游基本情况（按地区分）

STATISTICS OF DOMESTIC TOURISM OF RURAL RESIDENTS BY LOCALITY 2008

地　区	LOCALITY	过夜游出游率（%）OVERNIGHT TOURISM RATE（%）	一日游出游率（%）SAME-DAY TOURISM RATE（%）	过夜游人均花费（元/人）OVERNIGHT TOURISM PER CAPITA EXPENDITURE（RMB ￥）	一日游人均花费（元/人）SAME-DAY TOURISM PER CAPITA EXPENDITURE（RMB ￥）
总平均	**AVERAGE TOTAL**	**38.0**	**74.0**	**442.48**	**186.00**
北　京	BEIJING	30.1	100.0	579.87	190.81
天　津	TIANJIN	17.0	68.4	636.02	208.81
河　北	HEBEI	26.1	52.7	396.28	179.00
山　西	SHANXI	20.8	59.9	564.99	205.96
内蒙古	INNER MONGOLIA	24.0	26.3	491.28	310.02
辽　宁	LIAONING	31.8	107.7	364.32	226.93
吉　林	JILIN	39.9	85.6	228.18	97.44
黑龙江	HEILONGJIANG	52.8	46.4	393.13	312.27
上　海	SHANGHAI	13.5	59.2	1 287.26	198.64
江　苏	JIANGSU	26.3	139.6	839.27	300.16
浙　江	ZHEJIANG	34.7	69.9	542.08	260.44
安　徽	ANHUI	56.5	61.2	360.52	199.95
福　建	FUJIAN	55.1	116.2	414.05	179.15
江　西	JIANGXI	28.3	33.4	601.88	181.41
山　东	SHANDONG	32.0	101.1	594.65	182.81
河　南	HENAN	18.7	43.4	453.90	155.83
湖　北	HUBEI	45.5	59.4	379.52	205.58
湖　南	HUNAN	58.9	78.1	416.58	197.87
广　东	GUANGDONG	41.6	35.3	605.16	206.87
广　西	GUANGXI	35.2	35.3	486.81	231.99
海　南	HAINAN	48.1	64.0	303.93	125.87
重　庆	CHONGQING	60.4	88.1	373.33	124.38
四　川	SICHUAN	52.4	120.3	383.83	131.86
贵　州	GUIZHOU	47.3	59.2	334.85	154.92
云　南	YUNNAN	43.0	102.3	423.67	154.12
陕　西	SHAANXI	22.0	52.1	302.21	95.44
甘　肃	GANSU	37.7	167.2	324.11	117.30
青　海	QINGHAI	40.6	102.9	409.28	192.50
宁　夏	NINGXIA	48.5	62.2	190.40	123.28
新　疆	XINJIANG	30.6	52.8	463.49	185.58

五、地方接待入境旅游者情况

5. DISTRIBUTION OF INTERNATIONAL TOURISTS TO LOCALITY

5－1　2007～2008 年各地区接待

INTERNATIONAL TOURISTS

地　区 LOCALITY	2008 年总计 TOTAL 2007		
	人　数 (人次) ARRIVALS	人天数 (人 天) NIGHTS	平均停留 (天) AVERAGE STAY
总　计　TOTAL	**75 007 496**	**197 911 958**	**2.64**
北　京　BEIJING	3 790 378	17 442 332	4.60
天　津　TIANJIN	1 220 392	4 717 780	3.87
河　北　HEBEI	750 182	1 736 008	2.31
山　西　SHANXI	939 260	1 724 404	1.84
内蒙古　INNER MONGOLIA	1 549 328	3 254 727	2.10
辽　宁　LIAONING	2 418 707	7 357 397	3.04
吉　林　JILIN	617 302	1 163 503	1.88
黑龙江　HEILONGJIANG	2 006 116	4 286 484	2.14
上　海　SHANGHAI	5 264 727	19 558 967	3.72
江　苏　JIANGSU	5 443 022	22 476 178	4.13
浙　江　ZHEJIANG	5 396 682	14 100 961	2.61
安　徽　ANHUI	1 320 947	2 411 853	1.83
福　建　FUJIAN	2 931 908	11 948 470	4.08
江　西　JIANGXI	802 052	1 697 483	2.12
山　东　SHANDONG	2 536 651	6 808 955	2.68
河　南　HENAN	1 043 580	2 308 697	2.21
湖　北　HUBEI	1 187 549	2 217 172	1.87
湖　南　HUNAN	1 110 221	3 204 686	2.89
广　东　GUANGDONG	25 679 721	50 786 560	1.98
广　西　GUANGXI	2 010 225	3 299 946	1.64
海　南　HAINAN	706 492	1 824 840	2.58
重　庆　CHONGQING	871 907	2 491 119	2.86
四　川　SICHUAN	699 525	1 279 773	1.83
贵　州　GUIZHOU	395 359	690 917	1.75
云　南　YUNNAN	2 502 170	4 527 585	1.81
西　藏　TIBET	67 997	171 864	2.53
陕　西　SHAANXI	1 257 278	3 392 849	2.70
甘　肃　GANSU	83 196	107 855	1.30
青　海　QINGHAI	29 879	77 377	2.59
宁　夏　NINGXIA	11 586	21 057	1.82
新　疆　XINJIANG	363 157	824 159	2.27

入境旅游者情况

BY LOCALITY 2007—2008

2007 年总计 TOTAL 2007			2008 年比 2007 年增减 INCREASE		
人 数 (人次) ARRIVALS	人天数 (人天) NIGHTS	平均停留 (天) AVERAGE STAY	人 数 (%) ARRIVALS (%)	人天数 (%) NIGHTS (%)	平均停留 (天) AVERAGE STAY
73 113 756	**195 080 303**	**2. 67**	**2. 59**	**1. 45**	**-0. 03**
4 354 774	18 181 465	4. 18	-12. 96	-4. 07	0. 43
1 032 268	3 902 107	3. 78	18. 22	20. 90	0. 09
817 599	1 933 790	2. 37	-8. 25	-10. 23	-0. 05
737 888	1 311 120	1. 78	27. 29	31. 52	0. 06
1 494 505	3 156 012	2. 11	3. 67	3. 13	-0. 01
2 000 867	6 014 588	3. 01	20. 88	22. 33	0. 04
543 602	1 028 191	1. 89	13. 56	13. 16	-0. 01
1 414 187	3 307 869	2. 34	41. 86	29. 58	-0. 20
5 200 981	19 176 747	3. 69	1. 23	1. 99	0. 03
5 125 489	21 034 751	4. 10	6. 20	6. 85	0. 03
5 111 789	13 332 616	2. 61	5. 57	5. 76	0. 00
1 064 296	1 783 132	1. 68	24. 11	35. 26	0. 15
2 687 453	11 837 556	4. 40	9. 10	0. 94	-0. 33
664 686	1 326 755	2. 00	20. 67	27. 94	0. 12
2 496 437	6 758 440	2. 71	1. 61	0. 75	-0. 02
880 885	1 943 335	2. 21	18. 47	18. 80	0. 01
1 318 179	2 342 786	1. 78	-9. 91	-5. 36	0. 09
1 205 713	3 667 707	3. 04	-7. 92	-12. 62	-0. 16
24 608 666	52 218 272	2. 12	4. 35	-2. 74	-0. 14
2 055 188	3 302 940	1. 61	-2. 19	-0. 09	0. 03
753 122	1 893 504	2. 51	-6. 19	-3. 63	0. 07
761 676	2 138 477	2. 81	14. 47	16. 49	0. 05
1 708 730	2 841 027	1. 66	-59. 06	-54. 95	0. 17
430 021	801 137	1. 86	-8. 06	-13. 76	-0. 12
2 219 030	4 004 101	1. 80	12. 76	13. 07	0. 01
365 370	837 610	2. 29	-81. 39	-79. 48	0. 24
1 231 298	3 307 389	2. 69	2. 11	2. 58	0. 01
331 238	504 291	1. 52	-74. 88	-78. 61	-0. 23
50 010	113 443	2. 27	-40. 25	-31. 79	0. 32
9 373	18 254	1. 95	23. 61	15. 36	-0. 13
438 436	1 060 891	2. 42	-17. 17	-22. 31	-0. 15

5－2　2008年各地区接待

BREAKDOWN OF INTERNATIONAL

地　区 LOCALITY	外国人 FOREIGNERS 人数（人次）ARRIVALS	人天数（人天）NIGHTS	平均停留（天）AVERAGE STAY	香港 HONG 人数（人次）ARRIVALS
总　计　TOTAL	**42 753 133**	**125 346 014**	**2.93**	**20 689 361**
北　京　BEIJING	3 357 173	15 644 426	4.66	280 894
天　津　TIANJIN	1 130 037	3 964 604	3.51	35 787
河　北　HEBEI	670 210	1 568 507	2.34	29 539
山　西　SHANXI	579 354	1 071 313	1.85	149 291
内蒙古　INNER MONGOLIA	1 532 302	3 205 766	2.09	8 661
辽　宁　LIAONING	2 072 737	6 378 133	3.08	152 689
吉　林　JILIN	524 624	1 010 770	1.93	53 886
黑龙江　HEILONGJIANG	1 933 370	4 118 759	2.13	31 663
上　海　SHANGHAI	4 416 223	16 195 342	3.67	363 247
江　苏　JIANGSU	3 961 095	16 222 695	4.10	497 464
浙　江　ZHEJIANG	3 661 293	9 754 249	2.66	700 548
安　徽　ANHUI	908 195	1 712 550	1.89	135 612
福　建　FUJIAN	986 440	4 856 313	4.92	894 813
江　西　JIANGXI	308 321	638 139	2.07	257 874
山　东　SHANDONG	2 064 275	5 729 342	2.78	223 285
河　南　HENAN	679 122	1 389 467	2.05	148 309
湖　北　HUBEI	926 625	1 734 211	1.87	130 352
湖　南　HUNAN	710 983	2 342 399	3.29	160 365
广　东　GUANGDONG	6 088 231	14 268 534	2.34	15 194 066
广　西　GUANGXI	1 200 138	2 075 222	1.73	352 383
海　南　HAINAN	530 762	1 502 886	2.83	108 209
重　庆　CHONGQING	742 792	2 139 292	2.88	73 139
四　川　SICHUAN	477 740	929 496	1.95	106 340
贵　州　GUIZHOU	182 231	288 342	1.58	81 808
云　南　YUNNAN	1 691 835	2 981 422	1.76	358 570
西　藏　TIBET	62 934	159 367	2.53	1 640
陕　西　SHAANXI	936 662	2 547 682	2.72	135 602
甘　肃　GANSU	59 844	80 824	1.35	7 678
青　海　QINGHAI	20 591	59 418	2.89	4 821
宁　夏　NINGXIA	9 306	17 820	1.91	821
新　疆　XINJIANG	327 688	758 724	2.32	10 005

入境旅游者构成

TOURISTS BY LOCALITY 2008

同胞 KONG SAR		澳门同胞 MACAO SAR			台湾同胞 TAIWAN PROVINCE		
人天数 (人天) NIGHTS	平均停留 (天) AVERAGE STAY	人 数 (人次) ARRIVALS	人天数 (人天) NIGHTS	平均停留 (天) AVERAGE STAY	人 数 (人次) ARRIVALS	人天数 (人天) NIGHTS	平均停留 (天) AVERAGE STAY
43 270 745	**2. 09**	**2 704 624**	**5 490 808**	**2. 03**	**8 860 378**	**23 804 391**	**2. 69**
1 099 384	3. 91	12 869	38 607	3. 00	139 442	659 915	4. 73
367 192	10. 26	5 119	22 997	4. 49	49 449	362 987	7. 34
63 635	2. 15	11 342	24 830	2. 19	39 091	79 036	2. 02
304 684	2. 04	79 623	124 719	1. 57	130 992	223 688	1. 71
22 793	2. 63	3 151	9 745	3. 09	5 214	16 423	3. 15
458 808	3. 00	30 938	72 041	2. 33	162 343	448 415	2. 76
91 823	1. 70	2 993	5 178	1. 73	35 799	55 732	1. 56
69 971	2. 21	1 593	3 503	2. 20	39 490	94 251	2. 39
1 218 439	3. 35	15 575	60 657	3. 89	469 682	2 084 529	4. 44
1 980 908	3. 98	54 728	168 938	3. 09	929 735	4 103 637	4. 41
1 625 136	2. 32	120 006	263 684	2. 20	914 835	2 457 892	2. 69
241 737	1. 78	29 332	49 777	1. 70	247 808	407 789	1. 65
3 776 607	4. 22	65 894	256 485	3. 89	984 761	3 059 065	3. 11
544 664	2. 11	110 753	253 405	2. 29	125 104	261 275	2. 09
496 780	2. 22	37 855	77 751	2. 05	211 236	505 082	2. 39
365 411	2. 46	54 408	118 657	2. 18	161 741	435 162	2. 69
207 946	1. 60	22 279	35 692	1. 60	108 293	239 323	2. 21
369 459	2. 30	74 615	149 886	2. 01	164 258	342 942	2. 09
27 571 082	1. 81	1 720 324	3 226 744	1. 88	2 677 100	5 720 200	2. 14
537 221	1. 52	37 376	57 696	1. 54	420 328	629 807	1. 50
194 496	1. 80	10 576	20 934	1. 98	56 945	106 524	1. 87
192 701	2. 63	1 649	4 681	2. 84	54 327	154 445	2. 84
174 361	1. 64	19 905	28 803	1. 45	95 540	147 113	1. 54
163 219	2. 00	26 097	38 399	1. 47	105 223	200 957	1. 91
712 492	1. 99	99 117	236 105	2. 38	352 648	597 566	1. 69
4 034	2. 46	1 214	2 940	2. 42	2 209	5 523	2. 50
379 119	2. 80	53 529	134 488	2. 51	131 485	331 560	2. 52
9 140	1. 19	370	797	2. 15	15 304	17 094	1. 12
9 642	2. 00	744	1 488	2. 00	3 723	6 829	1. 83
1 043	1. 27	44	79	1. 80	1 415	2 115	1. 49
16 818	1. 68	606	1 102	1. 82	24 858	47 515	1. 91

5-3 2008年各地区接待的

FOREIGN TOURIST BY

地区 LOCALITY			合计 TOTAL	日本 JAPAN	韩国 KOREA	马来西亚 MALA-YSIA	菲律宾 PHILIP-PINES	新加坡 SINGA-PORE
总	**计**	**TOTAL**	**42 753 133**	**6 996 376**	**6 317 507**	**1 611 861**	**465 402**	**1 482 416**
北	京	BEIJING	3 357 173	400 064	353 154	62 185	18 394	92 917
天	津	TIANJIN	1 130 037	424 642	221 603	47 532	34 179	65 883
河	北	HEBEI	670 210	81 115	84 797	48 284	8 466	35 117
山	西	SHANXI	579 354	118 254	20 414	18 716	5 761	9 194
内蒙	古	INNERMONGOLIA	1 532 302	36 473	14 732	2 988	1 352	2 211
辽	宁	LIAONING	2 072 737	708 085	730 952	26 604	14 701	36 907
吉	林	JILIN	524 624	69 598	219 533	7 322	879	7 561
黑龙	江	HEILONGJIANG	1 933 370	49 208	76 944	5 447	1 057	8 881
上	海	SHANGHAI	4 416 223	1 026 670	510 467	133 777	141 995	155 599
江	苏	JIANGSU	3 961 095	989 335	484 170	197 997	24 064	201 321
浙	江	ZHEJIANG	3 661 293	661 465	661 668	177 103	42 903	135 770
安	徽	ANHUI	908 195	108 842	415 603	26 789	6 053	22 118
福	建	FUJIAN	986 440	177 721	53 609	87 610	36 423	107 705
江	西	JIANGXI	308 321	30 029	30 056	9 135	8 359	16 568
山	东	SHANDONG	2 064 275	435 123	1 050 839	37 109	21 953	46 777
河	南	HENAN	679 122	72 638	120 714	44 987	11 371	18 656
湖	北	HUBEI	926 625	143 087	33 574	28 441	6 560	28 283
湖	南	HUNAN	710 983	59 896	356 040	25 404	5 438	23 116
广	东	GUANGDONG	6 088 231	857 245	324 946	292 148	33 250	198 030
广	西	GUANGXI	1 200 138	74 025	125 672	113 742	10 273	42 028
海	南	HAINAN	530 762	38 208	112 327	29 786	4 283	31 048
重	庆	CHONGQING	742 792	71 498	17 055	19 635	3 481	24 035
四	川	SICHUAN	477 740	57 810	56 058	17 031	2 535	36 333
贵	州	GUIZHOU	182 231	28 596	9 686	11 512	2 986	12 365
云	南	YUNNAN	1 691 835	138 988	136 556	123 465	14 433	104 034
西	藏	TIBET	62 934	4 443	3 118	1 205	90	1 604
陕	西	SHAANXI	936 662	103 489	72 265	10 246	3 690	11 375
甘	肃	GANSU	59 844	10 780	7 993	2 522	151	2 644
青	海	QINGHAI	20 591	3 889	2 201	479	99	577
宁	夏	NINGXIA	9 306	2 318	946	204	28	492
新	疆	XINJIANG	327 688	12 842	9 815	2 456	195	3 267

外国过夜游客人数(按国籍分)

LOCALITY & NATIONALITY, 2008

单　位：人次
UNIT：ARRIVALS

泰　国 THAI-LAND	美　国 U. S. A.	加拿大 CANADA	英　国 U. K.	法　国 FRANCE	德　国 GERMANY	俄罗斯 RUSSIA	澳大利亚 AUS-TRALIA
830 048	**4 158 768**	**881 595**	**1 390 185**	**1 286 828**	**1 543 287**	**3 499 986**	**958 585**
49 721	538 389	111 970	175 416	144 979	160 160	179 472	116 765
14 243	71 100	17 626	27 309	21 400	19 520	10 050	10 809
10 777	40 748	18 564	49 852	44 267	35 818	61 539	14 782
5 475	61 552	17 244	20 516	68 080	40 949	9 229	18 825
1 816	10 171	3 942	5 557	4 148	8 162	615 780	4 938
10 285	63 346	18 297	34 614	17 671	34 106	132 801	14 980
2 752	5 708	1 410	1 324	5 243	15 881	176 044	2 488
3 983	16 350	4 936	4 306	12 212	6 820	1 713 821	4 034
54 142	530 712	97 734	153 910	151 521	208 394	56 198	122 771
46 216	511 889	111 716	172 862	139 084	218 528	74 025	131 449
103 423	272 776	78 835	81 024	94 438	111 433	61 761	77 793
18 030	75 688	15 208	29 769	28 018	31 422	11 310	16 567
15 689	256 119	32 526	17 122	12 387	19 718	4 990	16 076
8 317	42 393	8 206	17 193	14 027	17 219	7 562	7 661
10 837	98 870	25 125	38 314	24 471	36 519	28 583	26 887
26 728	52 283	19 849	17 057	48 489	35 911	27 994	15 697
14 455	145 084	30 921	112 064	63 521	122 109	6 606	46 868
8 824	56 505	17 628	28 679	26 772	34 557	8 326	8 337
130 201	451 920	94 133	112 122	96 766	93 714	38 321	110 028
50 270	96 057	28 906	52 889	74 431	39 755	2 100	41 808
6 292	19 876	6 336	14 507	7 687	12 449	150 029	10 616
6 392	317 354	24 297	49 974	25 052	60 734	1 399	25 603
23 804	70 265	18 572	32 727	25 967	15 581	4 738	18 229
6 509	24 395	7 652	12 441	9 856	6 364	3 125	1 925
185 390	106 956	25 188	42 486	50 594	84 192	6 486	35 781
540	16 802	2 599	3 539	2 224	5 680	2 080	2 829
9 927	178 980	37 473	72 868	61 346	53 625	8 826	43 668
1 134	11 022	1 355	3 894	4 017	5 398	386	4 343
406	3 161	702	1 324	1 216	1 810	316	1 174
115	981	240	414	478	596	74	442
3 355	11 316	2 405	4 112	6 466	6 163	96 015	4 412

5-4 2007~2008 年主要城市接待

INTERNATIONAL TOURISTS TO

城市名称 NAME OF CITY	2008 年 总 计 TOTAL 2008		
	人 数 (人次) ARRIVALS	人天数 (人 天) NIGHTS	平均停留 (天) AVERAGE STAY
北 京 BEIJING	3 790 378	17 442 332	4.60
天 津 TIANJIN	1 220 392	4 717 780	3.87
石家庄 SHIJIAZHUANG	98 149	199 797	2.04
秦皇岛 QINHUANGDAO	187 267	632 498	3.38
承 德 CHENGDE	200 979	360 581	1.79
太 原 TAIYUAN	189 745	512 912	2.70
大 同 DATONG	160 009	300 643	1.88
呼和浩特 HOHHOT	80 693	290 168	3.60
沈 阳 SHENYANG	476 357	1 652 475	3.47
大 连 DALIAN	950 045	3 114 715	3.28
长 春 CHANGCHUN	217 008	595 025	2.74
吉 林 JILIN	49 304	75 699	1.54
延 边 YANBIAN	273 744	385 891	1.41
哈尔滨 HARBIN	297 107	774 717	2.61
上 海 SHANGHAI	5 264 727	19 558 967	3.72
南 京 NANJING	1 191 813	5 242 623	4.40
无 锡 WUXI	611 325	1 865 330	3.05
苏 州 SUZHOU	1 682 267	5 290 658	3.14
南 通 NANTONG	280 037	1 607 588	5.74
连云港 LIANYUNGANG	90 922	611 458	6.73
杭 州 HANGZHOU	2 213 319	6 033 256	2.73
宁 波 NINGBO	756 776	2 224 707	2.94
温 州 WENZHOU	318 230	732 710	2.30
合 肥 HEFEI	147 568	445 633	3.02
黄 山 HUANGSHAN	810 405	1 160 400	1.43
福 州 FUZHOU	639 375	3 417 377	5.34
厦 门 XIAMEN	1 045 309	3 712 054	3.55
泉 州 QUANZHOU	630 776	3 267 222	5.18
漳 州 ZHANGZHOU	192 709	669 339	3.47

入境旅游者情况

MAJOR CITIES 2007—2008

2007 年 总 计 TOTAL 2007			2008 年比 2007 年增减 INCREASE		
人 数 (人次) ARRIVALS	人天数 (人天) NIGHTS	平均停留 (天) AVERAGE STAY	人 数 (%) ARRIVALS	人天数 (%) NIGHTS	平均停留 (天) AVERAGE STAY
4 354 774	18 181 465	4. 18	-12. 96	-4. 07	0. 43
1 032 268	3 902 107	3. 78	18. 22	20. 90	0. 09
103 263	208 323	2. 02	-4. 95	-4. 09	0. 02
221 828	787 609	3. 55	-15. 58	-19. 69	-0. 17
247 883	418 793	1. 69	-18. 92	-13. 90	0. 10
149 693	372 564	2. 49	26. 76	37. 67	0. 21
126 572	218 168	1. 72	26. 42	37. 80	0. 16
83 153	266 641	3. 21	-2. 96	8. 82	0. 39
456 013	1 475 563	3. 24	4. 46	11. 99	0. 23
840 032	2 794 509	3. 33	13. 10	11. 46	-0. 05
200 248	523 511	2. 61	8. 37	13. 66	0. 13
45 001	62 028	1. 38	9. 56	22. 04	0. 16
250 471	360 703	1. 44	9. 29	6. 98	-0. 03
269 628	729 465	2. 71	10. 19	6. 20	-0. 10
5 200 981	19 176 747	3. 69	1. 23	1. 99	0. 03
1 160 863	5 006 407	4. 31	2. 67	4. 72	0. 09
694 728	2 003 845	2. 88	-12. 01	-6. 91	0. 17
1 612 363	4 937 866	3. 06	4. 34	7. 14	0. 08
223 907	1 421 322	6. 35	25. 07	13. 11	-0. 61
82 204	580 457	7. 06	10. 61	5. 34	-0. 34
2 085 997	5 568 310	2. 67	6. 10	8. 35	0. 06
689 231	2 131 524	3. 09	9. 80	4. 37	-0. 15
289 038	665 344	2. 30	10. 10	10. 12	0. 00
108 130	402 976	3. 73	36. 47	10. 59	-0. 71
685 501	790 249	1. 15	18. 22	46. 84	0. 28
589 373	3 146 079	5. 34	8. 48	8. 62	0. 01
932 158	3 601 905	3. 86	12. 14	3. 06	-0. 31
601 586	3 181 252	5. 29	4. 85	2. 70	-0. 11
186 738	1 171 239	6. 27	3. 20	-42. 85	-2. 80

5－4(续1)

城市名称 NAME OF CITY	2008 年 总 计 TOTAL 2008		
	人 数 (人次) ARRIVALS	人天数 (人 天) NIGHTS	平均停留 (天) AVERAGE STAY
南 昌 NANCHANG	97 152	180 254	1.86
九 江 JIUJIANG	182 994	446 385	2.44
济 南 JINAN	170 154	355 344	2.09
青 岛 QINGDAO	800 836	2 340 867	2.92
烟 台 YANTAI	352 090	1 353 027	3.84
威 海 WEIHAI	288 277	684 057	2.37
郑 州 ZHENGZHOU	291 500	783 786	2.69
洛 阳 LUOYANG	308 000	689 819	2.24
武 汉 WUHAN	533 952	1 263 787	2.37
长 沙 CHANGSHA	369 044	1 882 067	5.10
广 州 GUANGZHOU	6 124 801	13 419 282	2.19
深 圳 SHENZHEN	8 695 727	16 337 096	1.88
珠 海 ZHUHAI	2 862 150	5 647 869	1.97
汕 头 SHANTOU	139 313	415 264	2.98
湛 江 ZHANJIANG	63 273	137 940	2.18
中 山 ZHONGSHAN	651 753	1 420 973	2.18
南 宁 NANNING	138 462	235 078	1.70
桂 林 GUILIN	1 250 154	2 122 537	1.70
北 海 BEIHAI	55 702	84 856	1.52
海 口 HAIKOU	136 128	232 809	1.71
三 亚 SANYA	511 476	1 507 419	2.95
重 庆 CHONGQING	871 907	2 491 119	2.86
成 都 CHENGDU	471 988	934 431	1.98
贵 阳 GUIYANG	135 834	364 163	2.68
昆 明 KUNMING	700 685	1 080 850	1.54
拉 萨 LHASA	46 340	117 232	2.53
西 安 XI'AN	631 836	1 629 269	2.58
兰 州 LANZHOU	13 280	23 799	1.79
西 宁 XINING	25 051	56 920	2.27
银 川 YINCHUAN	7 937	15 703	1.98
乌鲁木齐 URUMQI	197 149	523 236	2.65

2007 年 总 计 TOTAL 2007			2008 年比 2007 年增减 INCREASE		
人 数 (人次) ARRIVALS	人天数 (人天) NIGHTS	平均停留 (天) AVERAGE STAY	人 数 (%) ARRIVALS (%)	人天数 (%) NIGHTS (%)	平均停留 (天) AVERAGE STAY
89 052	169 415	1.90	9.10	6.40	-0.05
154 615	371 531	2.40	18.35	20.15	0.04
160 609	334 722	2.08	5.94	6.16	0.00
1 080 341	3 309 845	3.06	-25.87	-29.28	-0.14
307 373	1 116 346	3.63	14.55	21.20	0.21
267 317	591 595	2.21	7.84	15.63	0.16
261 887	725 572	2.77	11.31	8.02	-0.08
261 995	635 785	2.43	17.56	8.50	-0.19
529 833	1 255 022	2.37	0.78	0.70	0.00
475 615	1 667 056	3.51	-22.41	12.90	1.59
6 113 369	13 719 127	2.24	0.19	-2.19	-0.05
8 313 042	16 701 858	2.01	4.60	-2.18	-0.13
2 820 430	6 948 988	2.46	1.48	-18.72	-0.49
150 182	402 689	2.68	-7.24	3.12	0.30
44 279	124 814	2.82	42.90	10.52	-0.64
682 562	1 456 908	2.13	-4.51	-2.47	0.05
141 103	231 375	1.64	-1.87	1.60	0.06
1 285 952	2 120 502	1.65	-2.78	0.10	0.05
55 011	84 816	1.54	1.26	0.05	-0.02
149 475	270 479	1.81	-8.93	-13.93	-0.10
521 997	1 519 288	2.91	-2.02	-0.78	0.04
761 676	2 138 477	2.81	14.47	16.49	0.05
736 843	1 461 046	1.98	-35.94	-36.04	0.00
120 879	342 088	2.83	12.37	6.45	-0.15
713 448	1 095 741	1.54	-1.79	-1.36	0.01
158 834	364 167	2.29	-70.82	-67.81	0.24
1 000 063	2 915 442	2.92	-36.82	-44.12	-0.34
59 452	108 239	1.82	-77.66	-78.01	-0.03
32 621	73 838	2.26	-23.21	-22.91	0.01
7 371	15 502	2.10	7.68	1.30	-0.12
232250	658 597	2.84	-15.11	-20.55	-0.18

5-5 2008年主要城市接待

BREAKDOWN OF INTERNATIONAL

城市名称 NAME OF CITY		外国人 FOREIGNERS			香港 HONG
		人数（人次） ARRIVALS	人天数（人天） NIGHTS	平均停留（天） AVERAGE STAY	人数（人次） ARRIVALS
北京	BEIJING	3 357 173	15 644 426	4.28	280 894
天津	TIANJIN	1 130 037	3 964 604	3.47	35 787
石家庄	SHIJIAZHUANG	85 589	174 781	2.04	5 884
秦皇岛	QINHUANGDAO	177 668	601 641	3.39	4 100
承德	CHENGDE	173 022	310 698	1.80	7 214
太原	TAIYUAN	133 511	332 212	2.49	32 152
大同	DATONG	121 953	225 860	1.85	15 483
呼和浩特	HOHHOT	77 594	278 562	3.59	1 012
沈阳	SHENYANG	399 555	1 391 869	3.48	32 418
大连	DALIAN	856 223	2 797 007	3.27	42 068
长春	CHANGCHUN	187 702	510 417	2.72	17 697
吉林	JILIN	12 791	24 871	1.94	25 937
延边	YANBIAN	263 697	370 543	1.41	3 629
哈尔滨	HARBIN	231 246	620 825	2.68	29 089
上海	SHANGHAI	4 416 223	16 195 342	3.67	363 247
南京	NANJING	777 115	3 479 272	4.48	172 115
无锡	WUXI	422 511	1 407 141	3.33	68 654
苏州	SUZHOU	1 217 247	3 718 616	3.05	109 234
南通	NANTONG	248 011	1 362 949	5.50	12 182
连云港	LIANYUNGANG	75 485	462 224	6.12	5 007
杭州	HANGZHOU	1 543 665	4 076 108	2.64	264 195
宁波	NINGBO	477 198	1 456 689	3.05	108 091
温州	WENZHOU	254 548	598 412	2.35	25 714
合肥	HEFEI	118 525	372 895	3.15	12 963
黄山	HUANGSHAN	559 297	761 795	1.36	72 843
福州	FUZHOU	361 155	2 297 980	6.36	79 718
厦门	XIAMEN	415 599	1 851 520	4.46	156 688
泉州	QUANZHOU	54 146	261 682	4.83	481 648
漳州	ZHANGZHOU	46 007	173 296	3.77	79 250

入境旅游者构成

TOURISTS TO MAJOR CITIES 2008

同胞 KONG SAR		澳门同胞 MACAO SAR			台湾同胞 TAIWAN PROVINCE		
人天数 （人天） NIGHTS	平均停留 （天） AVERAGE STAY	人　数 （人次） ARRIVALS	人天数 （人天） NIGHTS	平均停留 （天） AVERAGE STAY	人　数 （人次） ARRIVALS	人天数 （人天） NIGHTS	平均停留 （天） AVERAGE STAY
1 099 384	3. 59	12 869	38 607	3. 40	139 442	659 915	3. 21
367 192	8. 15	5 119	22 997	5. 73	49 449	362 987	6. 95
11 818	2. 01	1 254	2 446	1. 95	5 422	10 752	1. 98
12 909	3. 15	710	3 881	5. 47	4 789	14 067	2. 94
12 709	1. 76	1 986	3 570	1. 80	18 757	33 604	1. 79
122 632	3. 81	4 172	8 287	1. 99	19 910	49 781	2. 50
29 975	1. 94	5 643	10 627	1. 88	16 930	34 181	2. 02
3 643	3. 60	161	644	4. 00	1 926	7 319	3. 80
142 225	4. 39	1 381	4 976	3. 60	43 003	113 405	2. 64
139 748	3. 32	1 359	4 450	3. 27	50 395	173 510	3. 44
51 072	2. 89	1 210	3 372	2. 79	10 399	30 164	2. 90
34 556	1. 33	1 341	1 610	1. 20	9 235	14 662	1. 59
5 986	1. 65	318	406	1. 28	6 100	8 956	1. 47
64 806	2. 23	535	902	1. 69	36 237	88 184	2. 43
1 218 439	3. 35	15 575	60 657	3. 89	469 682	2 084 529	4. 44
644 405	3. 74	8 598	27 445	3. 19	233 985	1 091 501	4. 66
156 573	2. 28	4 800	5 777	1. 20	115 360	295 839	2. 56
348 708	3. 19	6 676	17 967	2. 69	349 110	1 205 367	3. 45
89 570	7. 35	1 147	6 227	5. 43	18 697	148 842	7. 96
46 054	9. 20	2 207	2 981	1. 35	8 223	100 199	12. 19
734 391	2. 78	11 990	24 066	2. 01	393 469	1 198 691	3. 05
266 129	2. 46	34 426	94 622	2. 75	137 061	407 267	2. 97
55 855	2. 17	7 388	9 939	1. 35	30 580	68 504	2. 24
32 407	2. 50	472	1 311	2. 78	15 608	39 020	2. 50
119 062	1. 63	3 181	4 771	1. 50	175 084	274 772	1. 57
610 909	7. 66	3 807	22 444	5. 90	194 695	486 044	2. 50
370 444	2. 36	3 147	13 339	4. 24	469 875	1 476 751	3. 14
2 463 949	5. 12	31 989	157 901	4. 94	62 993	383 690	6. 09
104 991	1. 32	5 447	6 096	1. 12	62 005	384 956	6. 21

城市名称 NAME OF CITY		外国人 FOREIGNERS			香港 HONG
		人数(人次) ARRIVALS	人天数(人天) NIGHTS	平均停留(天) AVERAGE STAY	人数(人次) ARRIVALS
南昌	NANCHANG	67 752	124 355	1. 84	14 030
九江	JIUJIANG	106 754	237 630	2. 23	30 878
济南	JINAN	107 398	236 604	2. 20	40 245
青岛	QINGDAO	697 736	2 109 689	3. 02	64 557
烟台	YANTAI	295 110	1 167 814	3. 96	16 163
威海	WEIHAI	275 464	651 093	2. 36	2 016
郑州	ZHENGZHOU	164 755	459 167	2. 79	51 368
洛阳	LUOYANG	261 359	586 479	2. 24	10 010
武汉	WUHAN	427 810	1 061 399	2. 48	56 273
长沙	CHANGSHA	272 940	1 456 237	5. 34	40 954
广州	GUANGZHOU	2 144 926	5 140 392	2. 40	3 195 945
深圳	SHENZHEN	1 514 186	3 290 345	2. 17	6 677 798
珠海	ZHUHAI	493 068	1 143 906	2. 32	969 201
汕头	SHANTOU	74 897	277 119	3. 70	50 439
湛江	ZHANJIANG	26 795	76 411	2. 85	25 084
中山	ZHONGSHAN	118 972	409 263	3. 44	362 928
南宁	NANNING	103 779	178 190	1. 72	12 656
桂林	GUILIN	814 409	1 462 351	1. 80	143 163
北海	BEIHAI	28 212	44 147	1. 56	16 813
海口	HAIKOU	85 324	147 479	1. 73	26 366
三亚	SANYA	411 607	1 300 090	3. 16	69 443
重庆	CHONGQING	742 792	2 139 292	2. 88	73 139
成都	CHENGDU	346 697	718 640	2. 07	66 114
贵阳	GUIYANG	48 332	138 314	2. 86	36 865
昆明	KUNMING	498 172	795 592	1. 60	57 468
拉萨	LHASA	42 880	108 684	2. 53	1 108
西安	XI'AN	535 837	1 387 236	2. 59	49 390
兰州	LANZHOU	9 821	19 130	1. 95	1 523
西宁	XINING	18 531	44 450	2. 40	2 401
银川	YINCHUAN	6 359	13 223	2. 08	668
乌鲁木齐	URUMQI	185 426	505 408	2. 73	4 118

同胞 KONG SAR		澳门同胞 MACAO SAR			台湾同胞 TAIWAN PROVINCE		
人天数（人天）NIGHTS	平均停留（天）AVERAGE STAY	人　数（人次）ARRIVALS	人天数（人天）NIGHTS	平均停留（天）AVERAGE STAY	人　数（人次）ARRIVALS	人天数（人天）NIGHTS	平均停留（天）AVERAGE STAY
26 776	1.91	1 450	2 642	1.82	13 920	26 481	1.90
84 482	2.74	12 975	39 000	3.01	32 387	85 273	2.63
72 953	1.81	739	1 640	2.22	21 772	44 147	2.03
150 449	2.33	1 483	2 834	1.91	37 060	77 895	2.10
37 857	2.34	5 613	11 177	1.99	35 204	136 179	3.87
4 277	2.12	489	1 019	2.08	10 308	27 668	2.68
132 581	2.58	16 352	45 184	2.76	59 025	146 854	2.49
20 145	2.01	759	1 654	2.18	35 872	81 541	2.27
106 063	1.88	2 286	2 392	1.05	47 583	93 933	1.97
193 737	4.73	18 439	65 443	3.55	36 711	166 650	4.54
6 530 934	2.04	327 883	716 033	2.18	456 047	1 031 923	2.26
11 876 063	1.78	42 025	70 644	1.68	461 718	1 100 044	2.38
1 586 145	1.64	610 317	1 122 067	1.84	789 564	1 795 751	2.27
110 966	2.20	1 038	2 595	2.50	12 939	24 584	1.90
31 460	1.25	2 959	3 964	1.34	8 435	26 105	3.09
642 383	1.77	102 078	188 232	1.84	67 775	181 095	2.67
23 691	1.87	1 240	2 152	1.74	20 787	31 045	1.49
224 993	1.57	3 346	5 879	1.76	289 236	429 314	1.48
24 601	1.46	2 444	3 646	1.49	8 233	12 462	1.51
40 685	1.54	455	650	1.43	23 983	43 995	1.83
138 531	1.99	9 527	19 670	2.06	20 899	49 128	2.35
192 701	2.63	1 649	4 681	2.84	54 327	154 445	2.84
116 492	1.76	10 401	15 122	1.45	48 776	84 177	1.73
99 471	2.70	5 741	11 466	2.00	44 896	114 912	2.56
89 966	1.57	3 113	4 428	1.42	141 932	190 864	1.34
2 730	2.46	827	2 005	2.42	1 525	3 813	2.50
118 336	2.40	2 257	6 009	2.66	44 352	117 688	2.65
1 960	1.29	25	44	1.76	1 911	2 665	1.39
4 806	2.00	658	1 317	2.00	3 461	6 347	1.83
886	1.33	20	53	2.65	890	1 541	1.73
6 477	1.57	129	305	2.36	7 476	11 046	1.48

5-6　2008年主要城市接待的
FOREIGN TOURIST BY MAJOR

城市名称 NAME OF CITY		合计 TOTAL	#日本 JAPAN	#韩国 KOREA	#马来西亚 MALA-YSIA	#菲律宾 PHILIP-PINES	#新加坡 SINGA-PORE
北京	BEIJING	3 357 173	400 064	353 154	62 185	18 394	92 917
天津	TIANJIN	1 130 037	424 642	221 603	47 532	34 179	65 883
石家庄	SHIJIAZHUANG	85 589	11 750	8 167	2 175	513	2 240
秦皇岛	QINHUANGDAO	177 668	24 326	29 937	4 718	3 018	4 120
承德	CHENGDE	173 022	12 855	11 272	23 121	1 909	18 068
太原	TAIYUAN	133 511	30 336	5 634	1 407	1 864	2 046
大同	DATONG	121 953	15 712	7 210	7 856	780	1 395
呼和浩特	HOHHOT	77 594	10 669	5 006	1 820	860	1 355
沈阳	SHENYANG	399 555	85 514	251 185	2 880	1 023	4 268
大连	DALIAN	856 223	467 888	160 505	13 346	5 394	16 504
长春	CHANGCHUN	187 702	46 366	73 665	3 157	177	5 032
吉林	JILIN	12 791	2 936	2 306	1 555	119	1 209
延边	YANBIAN	263 697	16 898	113 887	36	185	1 099
哈尔滨	HARBIN	231 246	47 376	24 444	5 249	958	8 688
上海	SHANGHAI	4 416 223	1 026 670	510 467	133 777	141 995	155 599
南京	NANJING	777 115	118 631	74 045	86 989	3 629	47 281
无锡	WUXI	422 511	151 486	35 470	38 049	2 876	20 840
苏州	SUZHOU	1 217 247	320 161	226 572	45 166	6 460	46 765
南通	NANTONG	248 011	142 427	16 382	2 804	3 785	7 727
连云港	LIANYUNGANG	75 485	7 615	10 179	1 030	832	3 028
杭州	HANGZHOU	1 543 665	292 575	436 562	78 556	9 279	45 181
宁波	NINGBO	477 198	96 680	57 698	12 083	8 581	13 903
温州	WENZHOU	254 548	16 743	11 781	3 533	1 403	4 765
合肥	HEFEI	118 525	41 323	10 245	2 910	2 643	1 494
黄山	HUANGSHAN	559 297	41 280	357 777	18 055	640	12 797
福州	FUZHOU	361 155	38 676	12 660	10 712	5 924	15 763
厦门	XIAMEN	415 599	110 604	32 892	39 005	16 542	48 389
泉州	QUANZHOU	54 146	3 819	353	3 097	10 055	6 745
漳州	ZHANGZHOU	46 007	7 218	3 374	6 808	2 529	4 553

外国过夜游客人数(按国籍分)

CITIES & NATIONALITY 2008

单　位：人次
UNIT：PERSON

#泰　国 THAI-LAND	#美　国 U.S.A.	#加拿大 CANADA	#英　国 U.K.	#法　国 FRANCE	#德　国 GERMANY	#俄罗斯 RUSSIA	#澳大利亚 AUS-TRALIA
49 721	538 389	111 970	175 416	144 979	160 160	179 472	116 765
14 243	71 100	17 626	27 309	21 400	19 520	10 050	10 809
543	7 426	2 675	3 502	4 794	6 246	13 843	2 623
3 942	9 712	3 916	7 780	5 716	10 567	34 352	4 655
2 195	8 251	2 279	28 283	24 767	10 731	2 351	683
1 822	12 460	3 098	4 805	13 388	9 784	1 680	7 176
2 432	7 876	1 449	6 570	13 190	11 944	1 774	7 120
329	7 239	2 809	4 637	3 129	5 800	2 116	4 112
1 079	9 030	2 271	2 923	2 383	8 237	7 315	1 954
2 475	32 632	8 711	11 180	5 575	16 371	51 356	7 651
2 179	2 588	871	779	3 784	14 996	2 600	1 236
466	1 877	386	452	190	426	628	126
26	741	15	15	1 269	19	128 448	532
3 787	14 837	3 875	3 794	11 921	6 401	75 406	3 508
54 142	530 712	97 734	153 910	151 521	208 394	56 198	122 771
7 854	96 254	21 244	39 630	33 586	60 760	3 954	27 511
13 287	43 370	10 331	8 766	6 671	21 248	2 354	8 661
11 959	178 260	25 676	38 871	37 858	67 877	6 239	24 610
1 970	14 807	3 225	6 862	3 405	6 486	1 939	3 156
1 718	3 758	1 647	2 131	3 929	2 353	8 077	1 568
57 932	127 849	29 621	28 967	32 495	43 220	13 210	30 273
6 970	50 618	13 212	16 553	15 254	17 900	9 836	16 603
3 227	13 596	5 318	6 198	14 561	13 362	6 131	4 353
1 406	13 912	2 609	3 953	3 009	9 691	1 445	4 181
9 350	40 040	7 909	8 321	14 617	7 086	1 258	7 518
1 251	201 080	18 583	6 913	1 326	5 053	686	4 630
10 620	40 710	8 405	7 848	8 722	12 102	2 667	9 217
1 398	5 140	2 484	206	138	157	67	183
558	3 871	978	1 362	1 351	1 618	591	871

5 -6(续1)

城市名称 NAME OF CITY		合计 TOTAL	#日本 JAPAN	#韩国 KOREA	#马来西亚 MALA-YSIA	#菲律宾 PHILIP-PINES	#新加坡 SINGA-PORE
南昌	NANCHANG	67 752	4 478	4 208	1 328	957	1 896
九江	JIUJIANG	106 754	11 275	13 454	2 716	3 287	6 297
济南	JINAN	107 398	22 000	23 665	5 153	1 464	6 642
青岛	QINGDAO	697 736	210 290	341 012	14 568	3 879	10 687
烟台	YANTAI	295 110	42 685	161 831	2 896	3 932	4 746
威海	WEIHAI	275 464	26 529	226 010	211	943	940
郑州	ZHENGZHOU	164 755	29 004	18 349	15 001	6 542	4 078
洛阳	LUOYANG	261 359	17 618	24 146	13 776	596	3 049
武汉	WUHAN	427 810	93 039	14 182	11 979	2 095	12 386
长沙	CHANGSHA	272 940	20 739	131 044	6 884	2 605	4 538
广州	GUANGZHOU	2 144 926	211 799	60 471	101 255	13 347	48 290
深圳	SHENZHEN	1 514 186	352 516	134 340	88 265	10 422	79 829
珠海	ZHUHAI	493 068	55 452	8 789	51 219	1 506	29 985
汕头	SHANTOU	74 897	5 647	2 814	6 999	332	8 276
湛江	ZHANJIANG	26 795	2 782	1 104	1 227	1 168	1 195
中山	ZHONGSHAN	118 972	20 875	5 762	6 233	1 666	4 392
南宁	NANNING	103 779	2 693	6 171	8 069	579	9 009
桂林	GUILIN	814 409	61 737	116 649	54 293	7 532	26 405
北海	BEIHAI	28 212	571	318	220	151	198
海口	HAIKOU	85 324	4 815	12 072	17 528	318	13 273
三亚	SANYA	411 607	25 565	86 603	3 973	1 094	7 340
重庆	CHONGQING	742 792	71 498	17 055	19 635	3 481	24 035
成都	CHENGDU	346 697	42 593	31 858	10 397	1 876	19 708
贵阳	GUIYANG	48 332	5 604	2 874	2 208	317	5 773
昆明	KUNMING	498 172	41 148	75 039	59 052	1 151	44 038
拉萨	LHASA	42 880	3 020	1 440	819	60	1 095
西安	XI'AN	535 837	67 011	43 763	8 388	1 652	7 424
兰州	LANZHOU	9 821	1 240	426	677	34	504
西宁	XINING	18 531	3 651	2 055	420	16	510
银川	YINCHUAN	6 359	1 664	541	165	18	302
乌鲁木齐	URUMQI	185 426	5 355	1 557	846	113	1 509

#泰　国 THAI-LAND	#美　国 U. S. A.	#加拿大 CANADA	#英　国 U. K.	#法　国 FRANCE	#德　国 GERMANY	#俄罗斯 RUSSIA	#澳大利亚 AUS-TRALIA
1 231	24 814	1 220	2 565	1 679	1 744	1 539	1 365
3 304	8 860	1 469	7 402	6 913	11 022	2 060	2 870
2 584	12 025	3 909	2 955	2 929	3 900	2 403	4 008
2 238	29 033	5 473	10 663	6 075	11 271	3 777	7 945
491	9 098	4 279	6 386	3 599	7 871	4 053	3 576
83	3 000	535	1 314	458	744	10 438	461
2 381	18 833	12 789	2 918	3 986	3 911	10 255	4 013
13 778	23 898	3 829	7 622	39 525	26 137	13 848	6 047
5 262	49 181	12 478	30 567	35 451	64 478	1 522	24 456
3 908	29 808	6 061	7 341	5 456	6 538	3 291	3 796
35 185	105 726	27 824	28 326	38 712	35 070	16 284	36 974
65 665	212 532	36 391	47 898	37 191	33 822	11 048	41 853
10 550	29 998	5 831	7 395	3 923	6 901	3 391	5 206
9 737	4 238	1 583	1 632	1 690	1 532	645	1 055
958	2 971	181	1 355	514	186	1 079	370
1 017	7 395	2 351	2 755	1 364	2 147	1 597	2 535
5 861	5 842	1 798	1 918	1 190	1 130	188	1 745
41 540	82 266	23 726	46 139	64 604	34 287	608	35 324
165	1 183	437	482	282	394	363	471
1 954	4 571	1 168	1 021	989	1 226	1 273	1 755
1 370	13 646	4 436	7 825	4 859	10 107	146 333	4 008
6 392	317 354	24 297	49 974	25 052	60 734	1 399	25 603
11 797	61 398	14 448	25 637	19 683	11 931	3 259	16 169
617	10 533	1 874	1 414	2 580	1 102	354	2 691
57 993	32 425	8 608	11 675	20 378	11 410	1 715	16 588
366	11 436	1 555	2 400	1 512	3 865	1 416	1 921
8 185	153 868	30 919	60 596	54 977	49 201	5 127	37 722
232	1 711	370	427	563	674	34	688
404	2 743	614	1 086	988	1 685	268	1 146
100	672	198	326	268	488	31	320
1 929	4 951	1 162	1 104	1 809	1 470	81 821	1 838

六、星级饭店基本情况

6. STATISTICS OF STAR-RATED HOTELS

6－1　2008年全国星级饭店

BREAKDOWN OF STAR-RATED HOTELS BY ECONOMIC

饭店类型、规模和星级 ECONOMIC TYPE, CAPACITY & STAR-RATED		饭店数（家）NUMBER OF HOTELS	房间数（间）NUMBER OF ROOMS	床位数（张）NUMBER OF BEDS
一、饭店经济类型	ECONOMIC TYPE			
合　计	**TOTAL**	**14 099**	**1 591 379**	**2 934 758**
国有企业	STATE-OWNED	5 686	654 643	1 253 180
集体企业	COLLECTIVE	872	79 789	155 327
股份合作企业	SHARE HOLDING CO-OPERATIVE	345	34 911	63 803
联营企业	ALLIANCE	75	10 565	18 595
有限责任公司	LIMITED LIABILITY	2 903	351 763	625 195
股份有限公司	LIMITED LIABILITY SHARE	703	89 296	164 686
私营经济	PRIVATE	2 643	213 093	389 466
其他企业	OTHER	311	35 744	67 009
港澳台投资经济	H. K. ,MACAO,TAIWAN INVESTED	339	72 981	119 663
外商投资经济	FOREIGN-INVESTED	222	48 594	77 834
二、饭店规模	CAPACITY			
合　计	**TOTAL**	**14 099**	**1 591 379**	**2 934 758**
客房数500间以上	ROOMS OVER 500	129	88 441	148 864
客房数300—499间	ROOMS BETWEEN 300－499	558	204 848	349 408
客房数200—299间	ROOMS BETWEEN 200－299	1 135	271 738	483 351
客房数100—199间	ROOMS BETWEEN 100－199	4 206	570 431	1 054 843
客房数99间以下	ROOMS UNDER 99	8 071	455 921	898 292
三、饭店星级	STAR-RATED HOTEL			
合　计	**TOTAL**	**14 099**	**1 591 379**	**2 934 758**
五星级	5 STAR	432	156 885	253 460
四星级	4 STAR	1 821	369 597	639 743
三星级	3 STAR	5 712	646 974	1 220 500
二星级	2 STAR	5 616	391 511	768 537
一星级	1 STAR	518	26 412	52 518

基本情况(按经济类型、规模和星级分)

TYPE,CAPACITY,STAR-RATED & FINANCE 2008

客房出租率(%) ROOM OCCUPANCY (%)	营业收入 (万元) TOTAL REVENUE (10000 RMB ¥)	营业税金 (万元) TAX (10000 RMB ¥)	固定资产 (万元) FIXED ASSETS (10000 RMB ¥)
58.30	**17 620 127.76**	**1 183 315.47**	**43 532 505.97**
58.23	6 928 068.79	420 639.87	17 781 475.54
56.63	661 210.62	43 833.53	1 832 708.94
60.82	338 273.35	18 750.66	700 072.86
57.87	121 724.95	11 988.75	313 807.98
58.46	3 985 087.62	318 246.90	8 785 834.49
59.92	985 071.68	67 343.24	2 478 695.86
57.89	1 610 321.97	111 533.00	2 926 739.42
59.49	464 235.18	29 405.05	1 105 094.36
57.65	1 442 174.11	91 748.19	4 159 548.71
57.84	1 083 959.49	69 826.28	3 448 527.81
58.30	**17 620 127.76**	**1 183 315.47**	**43 532 505.97**
57.66	2 279 559.66	155 619.04	4 673 806.16
56.79	3 568 002.54	231 710.90	10 731 615.21
59.77	3 504 407.20	224 395.70	9 510 457.39
59.52	4 959 747.11	327 404.66	11 859 384.95
56.80	3 308 411.25	244 185.17	6 757 242.26
58.30	**17 620 127.76**	**1 183 315.47**	**43 532 505.97**
57.27	4 670 374.51	307 165.33	12 558 466.21
59.89	5 347 039.24	362 149.16	13 920 589.69
58.47	5 455 410.64	371 930.00	12 548 382.46
57.19	2 058 628.87	134 352.20	4 278 306.51
50.97	88 674.50	7 718.78	226 761.10

6-2 2008年全国星级饭店

BREAKDOWN OF STAR-RATED HOTELS, ROOMS,

地 区 LOCALITY	饭店数 (家) NUMBER OF HOTELS	房间数 (间) NUMBER OF ROOMS	床位数 (张) NUMBER OF BEDS
总 计 TOTAL	**14 099**	**1 591 379**	**2 934 758**
北 京 BEIJING	836	134 090	234 914
天 津 TIANJIN	114	15 780	27 456
河 北 HEBEI	441	50 428	97 012
山 西 SHANXI	349	32 921	63 132
内蒙古 INNER MONGOLIA	242	20 718	40 596
辽 宁 LIAONING	551	61 465	111 603
吉 林 JILIN	243	20 682	42 556
黑龙江 HEILONGJIANG	285	25 957	51 360
上 海 SHANGHAI	310	61 264	98 214
江 苏 JIANGSU	895	96 938	166 219
浙 江 ZHEJIANG	1 118	134 064	243 114
安 徽 ANHUI	451	47 387	90 015
福 建 FUJIAN	426	50 633	88 838
江 西 JIANGXI	345	36 699	67 167
山 东 SHANDONG	810	99 874	181 558
河 南 HENAN	488	57 882	148 733
湖 北 HUBEI	597	52 786	98 989
湖 南 HUNAN	569	59 743	109 509
广 东 GUANGDONG	1 126	127 320	215 065
广 西 GUANGXI	393	49 768	90 323
海 南 HAINAN	260	40 265	78 237
重 庆 CHONGQING	242	28 190	49 697
四 川 SICHUAN	532	48 645	85 637
贵 州 GUIZHOU	279	22 605	42 968
云 南 YUNNAN	904	77 130	144 336
西 藏 TIBET	86	7 606	15 262
陕 西 SHAANXI	332	43 219	83 279
甘 肃 GANSU	280	27 415	52 846
青 海 QINGHAI	117	10 703	20 549
宁 夏 NINGXIA	57	5 495	10 104
新 疆 XINJIANG	421	43 707	85 470

基本情况(按地区分)

OCCUPANCIES & FINANCE BY LOCALITY 2008

客房出租率(%) ROOM OCCUPANCY (%)	营业收入 (万元) TOTAL REVENUE (10000 RMB ¥)	营业税金 (万元) TAX (10000 RMB ¥)	固定资产 (万元) FIXED ASSETS (10000 RMB ¥)
58.30	**17 620 127.76**	**1 183 315.47**	**43 532 505.97**
51.99	2 676 377.10	137 199.20	6 123 885.80
51.61	227 031.09	11 822.22	384 576.87
54.69	397 503.16	26 042.27	1 115 220.79
61.40	373 825.02	27 832.78	581 883.31
54.88	167 292.75	9 057.25	507 667.65
62.73	632 033.85	59 733.28	2 228 637.08
59.34	208 900.68	9 681.77	750 325.87
56.85	199 594.03	7 875.53	704 731.00
55.36	1 545 903.35	80 492.22	3 899 996.06
58.89	1 355 308.08	73 718.16	2 465 650.93
62.03	1 866 805.31	108 913.55	3 207 009.66
60.70	352 619.03	22 787.54	771 990.72
58.89	462 903.55	34 399.19	1 322 987.47
65.97	223 805.56	14 054.57	634 030.69
64.34	1 276 885.23	68 328.88	2 529 606.17
64.53	458 651.17	22 470.25	900 127.71
57.95	423 076.51	21 254.01	1 077 463.54
72.58	425 499.57	28 458.96	903 110.48
57.63	1 445 120.34	255 142.90	4 868 942.25
57.58	329 006.62	18 001.95	922 624.25
60.02	365 854.53	18 350.90	1 563 847.54
55.41	307 740.36	12 874.69	621 968.77
56.11	432 777.37	25 721.10	1 285 068.79
62.41	147 549.85	10 197.27	321 857.19
54.31	471 469.26	29 810.32	1 096 054.20
18.23	18 158.74	876.00	206 353.00
61.76	255 830.23	13 465.65	923 792.64
46.12	138 931.01	9 208.45	481 519.60
42.67	64 749.25	4 313.42	123 174.74
65.97	66 876.28	3 289.21	114 819.48
48.71	302 048.88	17 941.98	893 581.72

6－3　2008年全国各地区星级

NUMBER OF STAR-RATED HOTELS BY

地　区 LOCALITY	总　计 TOTAL	国有企业 STATE-OWNED	集体企业 COLLEC-TIVE	股份合作企业 SHARE HOLDING CO-OPERATIVE	联营企业 ALLIA-NCE
总　计　TOTAL	**14 099**	**5 686**	**872**	**345**	**75**
北　京　BEIJING	836	368	48	23	5
天　津　TIANJIN	114	46	8	1	0
河　北　HEBEI	441	289	35	5	2
山　西　SHANXI	349	182	19	5	0
内蒙古　INNER MONGOLIA	242	117	10	2	1
辽　宁　LIAONING	551	216	91	8	2
吉　林　JILIN	243	168	7	4	0
黑龙江　HEILONGJIANG	285	138	11	3	0
上　海　SHANGHAI	310	154	17	4	3
江　苏　JIANGSU	895	255	41	14	2
浙　江　ZHEJIANG	1 118	247	60	43	5
安　徽　ANHUI	451	206	25	11	0
福　建　FUJIAN	426	189	24	7	7
江　西　JIANGXI	345	144	4	25	2
山　东　SHANDONG	810	325	60	21	6
河　南　HENAN	488	312	44	11	1
湖　北　HUBEI	597	295	36	16	1
湖　南　HUNAN	569	290	26	27	5
广　东　GUANGDONG	1 126	252	93	19	19
广　西　GUANGXI	393	114	22	7	2
海　南　HAINAN	260	60	12	10	5
重　庆　CHONGQING	242	94	19	4	0
四　川　SICHUAN	532	144	27	24	2
贵　州　GUIZHOU	279	111	6	6	0
云　南　YUNNAN	904	265	55	14	3
西　藏　TIBET	86	35	17	2	1
陕　西　SHAANXI	332	194	24	13	0
甘　肃　GANSU	280	191	9	2	0
青　海　QINGHAI	117	43	9	3	0
宁　夏　NINGXIA	57	21	1	4	0
新　疆　XINJIANG	421	221	12	7	1

饭店数（按经济类型分）

ECONOMIC TYPE 2008

单　位：家
UNIT：NUMBER

有限责任公司 LIMITED LIABILITY	股份有限公司 LIMITED LIABILITY SHARES	私营企业 PRIVATE-OWNED	其他内资企业 OTHER DOMESTIC FUNDED	港澳台投资企业 H. K. ,MACAO, TAIWAN INVESTED	外商投资企业 FOREIGN INVESTED
2 903	**703**	**2 643**	**311**	**339**	**222**
205	13	124	0	32	18
31	4	9	0	10	5
23	26	51	2	5	3
58	23	43	15	2	2
47	6	57	0	1	1
90	29	67	4	20	24
29	11	17	1	3	3
55	8	27	38	3	2
57	17	28	3	16	11
307	55	185	10	9	17
329	78	225	110	21	0
82	24	90	0	10	3
70	9	77	3	23	17
45	16	86	4	11	8
206	52	91	17	18	14
65	24	25	1	5	0
92	22	122	3	6	4
39	24	133	9	14	2
337	48	212	30	82	34
109	18	91	6	13	11
96	22	35	3	7	10
26	17	73	0	1	8
160	47	113	7	6	2
31	20	96	5	4	0
126	49	345	18	11	18
0	2	14	13	0	2
46	15	37	1	1	1
29	6	40	2	1	0
22	4	33	2	1	0
16	2	13	0	0	0
75	12	84	4	3	2

6-4　2008年全国各地区星级饭店数（按规模分）
NUMBER OF STAR-RATED HOTELS BY CAPACITY 2008

单　位：家
UNIT：NUMBER

地　区 LOCALITY		总　计 TOTAL	客房数 500以上 ROOMS OVER 500	客房数 300～499 ROOMS BETWEEN 300－499	客房数 200～299 ROOMS BETWEEN 200－299	客房数 100～199 ROOMS BETWEEN 100－199	客房数 99以下 ROOMS UNDER 99
总　计	**TOTAL**	**14 099**	**129**	**558**	**1 135**	**4 206**	**8 071**
北　京	BEIJING	836	30	77	102	239	388
天　津	TIANJIN	114	2	6	17	45	44
河　北	HEBEI	441	1	8	41	177	214
山　西	SHANXI	349	0	5	14	116	214
内蒙古	INNER MONGOLIA	242	1	4	11	51	175
辽　宁	LIAONING	551	4	20	40	198	289
吉　林	JILIN	243	0	4	13	46	180
黑龙江	HEILONGJIANG	285	0	4	19	75	187
上　海	SHANGHAI	310	20	46	44	103	97
江　苏	JIANGSU	895	3	36	78	255	523
浙　江	ZHEJIANG	1 118	5	43	121	375	574
安　徽	ANHUI	451	3	4	28	140	276
福　建	FUJIAN	426	2	25	29	154	216
江　西	JIANGXI	345	0	7	26	117	195
山　东	SHANDONG	810	6	33	79	318	374
河　南	HENAN	488	4	18	40	170	256
湖　北	HUBEI	597	1	13	24	136	423
湖　南	HUNAN	569	2	17	44	159	347
广　东	GUANGDONG	1 126	21	65	99	281	660
广　西	GUANGXI	393	2	16	45	139	191
海　南	HAINAN	260	6	24	32	94	104
重　庆	CHONGQING	242	2	10	19	75	136
四　川	SICHUAN	532	2	14	35	135	346
贵　州	GUIZHOU	279	0	4	13	52	210
云　南	YUNNAN	904	7	16	37	176	668
西　藏	TIBET	86	0	3	1	16	66
陕　西	SHAANXI	332	4	17	31	124	156
甘　肃	GANSU	280	0	6	16	69	189
青　海	QINGHAI	117	0	3	3	30	81
宁　夏	NINGXIA	57	0	0	2	20	35
新　疆	XINJIANG	421	1	10	32	121	257

6-5 2008年全国各地区星级饭店数（按星级分）
NUMBER OF STAR-RATED HOTELS 2008

单 位：家
UNIT：NUMBER

地 区 LOCALITY		星级饭店合计 TOTAL	五星级 5-STAR	四星级 4-STAR	三星级 3-STAR	二星级 2-STAR	一星级 1-STAR
总 计	**TOTAL**	**14 099**	**432**	**1 821**	**5 712**	**5 616**	**518**
北 京	BEIJING	836	52	126	272	335	51
天 津	TIANJIN	114	8	26	53	23	4
河 北	HEBEI	441	7	78	199	149	8
山 西	SHANXI	349	7	55	121	165	1
内蒙古	INNER MONGOLIA	242	5	15	68	138	16
辽 宁	LIAONING	551	16	67	263	180	25
吉 林	JILIN	243	5	39	89	102	8
黑龙江	HEILONGJIANG	285	3	34	110	125	13
上 海	SHANGHAI	310	37	54	126	89	4
江 苏	JIANGSU	895	42	155	396	300	2
浙 江	ZHEJIANG	1 118	30	134	389	508	57
安 徽	ANHUI	451	5	61	156	212	17
福 建	FUJIAN	426	14	76	193	132	11
江 西	JIANGXI	345	6	48	165	126	0
山 东	SHANDONG	810	19	114	387	284	6
河 南	HENAN	488	6	57	227	194	4
湖 北	HUBEI	597	9	54	220	289	25
湖 南	HUNAN	569	14	45	215	277	18
广 东	GUANGDONG	1 126	61	168	566	311	20
广 西	GUANGXI	393	12	38	191	147	5
海 南	HAINAN	260	20	54	116	55	15
重 庆	CHONGQING	242	9	45	107	78	3
四 川	SICHUAN	532	13	66	196	236	21
贵 州	GUIZHOU	279	2	24	99	137	17
云 南	YUNNAN	904	11	53	197	525	118
西 藏	TIBET	86	0	6	38	38	4
陕 西	SHAANXI	332	5	30	167	125	5
甘 肃	GANSU	280	2	30	104	128	16
青 海	QINGHAI	117	1	12	43	53	8
宁 夏	NINGXIA	57	0	6	37	14	0
新 疆	XINJIANG	421	11	51	202	141	16

6-6 2008年主要城市星级饭店基本经济指标

MAJOR STATISTICS OF HOTELS IN EACH CITY 2008

单 位：万元

UNIT：TEN THOUS. RMB ¥

城市名称 NAME OF CITY		营业收入 TOTAL REVENUE	#客房收入 ROOM	#餐饮收入 FOOD & BEVERAGE
北　　京	BEIJING	2 676 377	1 250 408	819 713
天　　津	TIANJIN	227 031	100 671	79 551
石 家 庄	SHIJIAZHUANG	104 911	46 036	48 868
秦 皇 岛	QINHUANGDAO	51 330	23 881	23 131
承　　德	CHENGDE	23 917	11 889	9 022
太　　原	TAIYUAN	133 656	50 757	55 266
大　　同	DATONG	55 680	22 272	22 272
呼和浩特	HOHHOT	60 913	24 062	33 043
沈　　阳	SHENYANG	193 605	89 051	79 445
大　　连	DALIAN	248 782	102 008	106 900
长　　春	CHANGCHUN	126 787	52 022	61 254
吉　　林	JILIN	26 220	8 447	15 290
延　　边	YANBIAN	14 829	6 075	6 444
哈 尔 滨	HARBIN	114 656	72 522	32 473
上　　海	SHANGHAI	1 545 903	778 413	535 897
南　　京	NANJING	364 216	135 860	146 747
无　　锡	WUXI	175 068	55 908	102 868
苏　　州	SUZHOU	311 139	127 237	147 514
南　　通	NANTONG	85 003	31 491	49 248
连 云 港	LIANYUNGANG	25 383	10 098	12 663
杭　　州	HANGZHOU	664 310	295 254	284 161
宁　　波	NINGBO	382 990	140 286	195 266
温　　州	WENZHOU	164 967	66 146	82 632
合　　肥	HEFEI	91 486	38 072	43 893
黄　　山	HUANGSHAN	55 186	29 829	19 859
福　　州	FUZHOU	114 126	50 398	48 765
厦　　门	XIAMEN	161 272	80 565	63 423
泉　　州	UQNAZHOU	82 415	28 346	45 297
漳　　州	ZHANGZHOU	14 675	6 836	7 154

6－6(续1)

城市名称 NAME OF CITY		营业收入 TOTAL REVENUE	#客房收入 ROOM	#餐饮收入 FOOD & BEVERAGE
南　昌	NANCHANG	47 759	26 997	15 369
九　江	JIUJIANG	37 522	20 753	16 766
济　南	JINAN	188 352	91 248	76 853
青　岛	QINGDAO	397 127	202 358	162 163
烟　台	YANTAI	136 860	70 026	55 215
威　海	WEIHAI	85 691	41 038	36 064
郑　州	ZHENGZHOU	159 458	67 426	64 703
洛　阳	LUOYANG	46 483	21 519	18 549
武　汉	WUHAN	160 460	80 744	57 254
长　沙	CHANGSHA	194 106	72 457	88 503
广　州	GUANGZHOU	517 354	288 455	103 126
深　圳	SHENZHEN	318 283	197 820	62 862
珠　海	ZHUHAI	100 329	66 363	18 789
汕　头	SHANTOU	46 236	32 064	8 964
湛　江	ZHANJIANG	24 372	16 072	4 874
中　山	ZHONGSHAN	45 066	23 834	9 001
南　宁	NANNING	107 963	54 079	42 904
桂　林	GUILIN	78 421	43 227	26 479
北　海	BEIHAI	27 387	14 369	10 957
海　口	HAIKOU	84 165	44 104	28 781
三　亚	SANYA	239 242	157 772	55 624
重　庆	CHONGQING	307 740	115 892	150 483
成　都	CHENGDU	192 439	100 581	67 158
贵　阳	GUIYANG	76 787	43 383	26 440
昆　明	KUNMING	229 698	102 218	70 146
拉　萨	LHASA	9 836	6 644	2 753
西　安	XI'AN	134 817	63 584	59 464
兰　州	LANZHOU	54 438	31 235	9 406
西　宁	XINING	45 492	21 299	18 403
银　川	YINCHUAN	37 639	16 931	16 601
乌鲁木齐	URUMQI	183 764	66 788	82 187

6-7 2008年全国星级

MAJOR STATISTICS IN

地方/项目 LOCALITY/ITEM	全员劳动生产率（万元/人） OLP(10000 RMB￥/PER)	人均占用固定资产原价（万元/人） AF(10000 RMB￥/PER)	百元固定资产创营业收入（元） REVEN/100F.A (RMB￥)	平均客房出租率（%） AOR (%)
总　计　TOTAL	**10.56**	**26.08**	**40.48**	**58.30**
北　京　BEIJING	18.99	43.46	43.70	51.99
天　津　TIANJIN	11.76	19.92	59.03	51.61
河　北　HEBEI	4.70	13.20	35.64	54.69
山　西　SHANXI	10.81	16.82	64.24	61.40
内蒙古　INNER MONGOLIA	7.45	22.60	32.95	54.88
辽　宁　LIAONING	9.50	33.48	28.36	62.73
吉　林　JILIN	9.78	35.12	27.84	59.34
黑龙江　HEILONGJIANG	8.67	30.60	28.32	56.85
上　海　SHANGHAI	19.51	49.22	39.64	55.36
江　苏　JIANGSU	12.35	22.47	54.97	58.89
浙　江　ZHEJIANG	12.66	21.75	58.21	62.03
安　徽　ANHUI	8.79	19.24	45.68	60.70
福　建　FUJIAN	8.77	25.05	34.99	58.89
江　西　JIANGXI	7.98	22.61	35.30	65.97
山　东　SHANDONG	11.28	22.34	50.48	64.34
河　南　HENAN	15.21	29.85	50.95	64.53
湖　北　HUBEI	8.23	20.97	39.27	57.95
湖　南　HUNAN	7.48	15.87	47.11	72.58
广　东　GUANGDONG	8.02	27.01	29.68	57.63
广　西　GUANGXI	7.08	19.86	35.66	57.58
海　南　HAINAN	11.01	47.07	23.39	60.02
重　庆　CHONGQING	7.96	16.08	49.48	55.41
四　川　SICHUAN	7.52	22.32	33.68	56.11
贵　州　GUIZHOU	7.05	15.37	45.84	62.41
云　南　YUNNAN	9.69	22.53	43.02	54.31
西　藏　TIBET	3.20	36.39	8.80	18.23
陕　西　SHAANXI	6.23	22.48	27.69	61.76
甘　肃　GANSU	5.98	20.71	28.85	46.12
青　海　QINGHAI	14.12	26.86	52.57	42.67
宁　夏　NINGXIA	6.62	11.37	58.24	65.97
新　疆　XINJIANG	8.18	24.19	33.80	48.71

饭店主要经济指标

STAR-RATED HOTELS 2008

营业收入总额（万元） TOTAL REVENUE (10000RMB ¥)	营业收入构成(%) BREAKDOWN OF TOTAL REVENUE		
	客　房 ROOM	餐　饮 FOOD & BEVERAGE	其　他 OTHERS
17 620 127.76	**46.18**	**38.88**	**14.94**
2 676 377.10	46.72	30.63	22.65
227 031.09	44.34	35.04	20.62
397 503.16	43.18	47.02	9.80
373 825.02	39.24	40.51	20.25
167 292.75	42.71	51.95	5.33
632 033.85	43.48	43.26	13.26
208 900.68	39.83	49.91	10.26
199 594.03	61.69	30.65	7.66
1 545 903.35	50.35	34.67	14.98
1 355 308.08	36.40	49.49	14.11
1 866 805.31	37.92	49.06	13.02
352 619.03	39.85	44.65	15.50
462 903.55	47.68	42.51	9.82
223 805.56	52.88	42.47	4.66
1 276 885.23	48.82	42.45	8.72
458 651.17	41.91	47.87	10.22
423 076.51	45.38	40.58	14.04
425 499.57	45.26	42.79	11.95
1 445 120.34	58.78	19.74	21.48
329 006.62	48.09	39.79	12.12
365 854.53	61.73	27.22	11.05
307 740.36	37.66	48.90	13.44
432 777.37	48.29	40.10	11.61
147 549.85	55.81	34.25	9.94
471 469.26	51.10	31.69	17.21
18 158.74	62.15	32.02	5.84
255 830.23	45.50	46.67	7.83
138 931.01	48.79	36.15	15.06
64 749.25	51.73	38.08	10.19
66 876.28	33.49	38.76	27.75
302 048.88	40.45	44.54	15.01

6-8 2008年全国国有星级

MAJOR STATISTICS IN

地方/项目 LOCALITY/ITEM	全员劳动生产率（万元/人） OLP(10000 RMB ¥/PER)	人均占用固定资产原价（万元/人） AF(10000 RMB ¥/PER)	百元固定资产创营业收入（元） REVEN/100F. A (RMB ¥)	平均客房出租率（%） AOR (%)
总 计 TOTAL	**10.54**	**27.06**	**38.96**	**58.23**
北 京 BEIJING	18.35	39.94	45.94	53.14
天 津 TIANJIN	10.73	22.39	47.94	51.37
河 北 HEBEI	5.63	15.60	36.09	53.70
山 西 SHANXI	10.81	18.24	59.31	59.53
内蒙古 INNER MONGOLIA	6.23	18.73	33.28	52.56
辽 宁 LIAONING	8.58	27.39	31.33	62.63
吉 林 JILIN	9.64	36.22	26.61	58.63
黑龙江 HEILONGJIANG	8.26	24.42	33.82	56.93
上 海 SHANGHAI	19.60	50.73	38.65	57.14
江 苏 JIANGSU	12.74	25.66	49.65	59.13
浙 江 ZHEJIANG	14.19	27.58	51.44	64.69
安 徽 ANHUI	7.53	19.72	38.17	55.71
福 建 FUJIAN	7.88	30.26	26.03	55.19
江 西 JIANGXI	8.46	27.74	30.48	65.67
山 东 SHANDONG	10.49	22.28	47.08	63.67
河 南 HENAN	14.55	28.51	51.04	65.00
湖 北 HUBEI	8.50	23.76	35.78	57.02
湖 南 HUNAN	7.71	15.78	48.88	72.72
广 东 GUANGDONG	9.70	32.07	30.25	59.25
广 西 GUANGXI	7.32	22.64	32.35	58.86
海 南 HAINAN	7.96	55.19	14.43	56.43
重 庆 CHONGQING	7.31	12.51	58.42	56.38
四 川 SICHUAN	7.55	23.10	32.69	53.76
贵 州 GUIZHOU	7.05	15.65	45.01	61.16
云 南 YUNNAN	8.97	22.79	39.37	56.87
西 藏 TIBET	2.72	37.47	7.25	18.45
陕 西 SHAANXI	7.98	26.54	30.08	57.88
甘 肃 GANSU	5.84	17.25	33.84	46.11
青 海 QINGHAI	12.16	33.58	36.21	39.26
宁 夏 NINGXIA	5.56	13.38	41.61	65.11
新 疆 XINJIANG	8.19	25.23	32.48	51.30

注：＊本表是全国5686家国有星级饭店汇总资料。

NOTES：＊THE TABLE INCLUDE ALL THE 5686 STATE-OWNED HOTELS.

OLP：OVERALL LABOUR PRODUCTIVITY

饭店主要经济指标*

STATE-OWNED STAR-RATED HOTELS 2008

营业收入总额（万元）TOTAL REVENUE（10000RMB ¥）	营业收入构成（%）BREAKDOWN OF TOTAL REVENUE		
	客 房 ROOM	餐 饮 FOOD & BEVERAGE	其 他 OTHERS
6 928 068.79	**45.82**	**38.78**	**15.40**
1 055 020.00	46.80	30.46	22.75
72 333.47	41.32	35.24	23.44
249 252.76	44.47	46.21	9.31
195 107.12	39.11	40.60	20.30
65 452.13	44.77	47.22	8.01
250 231.87	42.35	43.14	14.51
163 400.49	40.68	49.16	10.15
71 933.28	63.32	29.76	6.92
826 450.29	47.06	35.05	17.89
368 537.97	35.64	45.45	18.92
464 740.13	41.84	45.38	12.78
140 213.87	40.38	45.50	14.12
137 920.33	52.46	40.36	7.18
91 449.31	51.73	40.86	7.41
504 819.33	48.52	42.07	9.41
320 431.63	41.47	47.32	11.22
239 795.58	47.96	38.41	13.63
203 541.60	44.93	41.44	13.63
373 407.86	59.61	19.88	20.51
103 882.96	43.83	41.94	14.23
50 747.34	58.96	33.83	7.22
121 502.62	37.64	47.09	15.26
145 192.84	47.52	37.69	14.79
57 309.16	54.21	34.35	11.44
149 974.77	49.47	37.68	12.85
8 602.00	59.00	35.45	5.56
177 897.20	43.80	47.95	8.26
99 787.41	48.97	33.50	17.53
18 563.59	53.12	37.28	9.60
24 409.61	36.40	49.78	13.82
176 160.27	41.20	42.77	16.03

AF：AVERAGE FIXED ASSETS

100F. A：100 RMB¥ FIXED ASSETS

七、旅行社基本情况

7. STATISTICS OF TRAVEL AGENCIES

7-1 2007~2008年全国旅行社单位数
NUMBER OF TRAVEL AGENCIES 2007—2008

单 位：家
UNIT：NUMBER

地区 LOCALITY		旅行社总数 TOTAL TRAVEL AGENCIES		国际旅行社 INTERNATIONAL TRAVEL AGENCIES		国内旅行社 DOMESTIC TRAVEL AGENCIES	
		2008年 2008	2007年 2007	2008年 2008	2007年 2007	2008年 2008	2007年 2007
总 计	**TOTAL**	**20 110**	**18 943**	**1 970**	**1 797**	**18 140**	**17 146**
北 京	BEIJING	830	763	274	232	556	531
天 津	TIANJIN	267	264	32	33	235	231
河 北	HEBEI	1 039	963	51	47	988	916
山 西	SHANXI	653	625	49	43	604	582
内蒙古	INNERMONGOLIA	603	541	51	51	552	490
辽 宁	LIAONING	1 082	1 035	83	75	999	960
吉 林	JILIN	451	421	61	54	390	367
黑龙江	HEILONGJIANG	487	440	77	75	410	365
上 海	SHANGHAI	843	823	54	53	789	770
江 苏	JIANGSU	1 595	1 510	83	79	1 512	1 431
浙 江	ZHEJIANG	1 370	1 258	68	61	1 302	1 197
安 徽	ANHUI	744	669	38	36	706	633
福 建	FUJIAN	596	571	58	51	538	520
江 西	JIANGXI	674	629	34	31	640	598
山 东	SHANDONG	1 765	1 754	104	102	1 661	1 652
河 南	HENAN	1 004	964	40	36	964	928
湖 北	HUBEI	786	755	56	51	730	704
湖 南	HUNAN	602	571	61	55	541	516
广 东	GUANGDONG	1 030	938	208	194	822	744
广 西	GUANGXI	378	349	80	67	298	282
海 南	HAINAN	163	150	47	42	116	108
重 庆	CHONGQING	301	264	30	25	271	239
四 川	SICHUAN	620	602	59	55	561	547
贵 州	GUIZHOU	202	175	18	17	184	158
云 南	YUNNAN	449	425	60	59	389	366
西 藏	TIBET	47	43	28	23	19	20
陕 西	SHAANXI	518	485	50	45	468	440
甘 肃	GANSU	328	311	30	32	298	279
青 海	QINGHAI	184	147	20	15	164	132
宁 夏	NINGXIA	85	91	9	8	76	83
新 疆	XINJIANG	414	407	57	50	357	357

7－2　2008年旅行社外联、接待入境旅游者情况
INTERNATIONAL TOURISTS LIAISED AND RECEIVED BY TRAVEL AGENCIES 2008

单　位：人、人天
UNIT：PERSON、NIGHT

地区 LOCALITY		外联 LIAISED		接待 RECEIVED	
		人数 PERSONS	人天数 NIGHTS	人数 PERSONS	人天数 NIGHTS
总计	**TOTAL**	**13 246 890**	**58 062 119**	**20 331 905**	**64 083 121**
北京	BEIJING	2 300 508	11 129 452	2 547 227	10 284 259
天津	TIANJIN	143 205	673 532	198 202	768 928
河北	HEBEI	54 784	318 395	104 628	413 347
山西	SHANXI	27 890	146 466	77 442	330 845
内蒙古	INNER MONGOLIA	328 906	873 470	338 464	823 652
辽宁	LIAONING	2 064 923	11 813 761	2 978 246	12 078 637
吉林	JILIN	118 874	376 828	238 391	754 418
黑龙江	HEILONGJIANG	572 172	2 253 240	968 326	2 903 158
上海	SHANGHAI	576 201	2 118 663	816 783	2 504 537
江苏	JIANGSU	353 455	1 774 920	1 369 011	2 736 746
浙江	ZHEJIANG	783 812	3 629 150	968 498	2 298 727
安徽	ANHUI	106 113	527 318	279 185	815 640
福建	FUJIAN	300 897	1 722 901	426 861	1 086 649
江西	JIANGXI	25 681	111 015	52 518	236 766
山东	SHANDONG	597 767	3 101 001	958 437	3 596 024
河南	HENAN	62 056	312 666	256 069	431 560
湖北	HUBEI	41 225	430 326	392 954	805 508
湖南	HUNAN	147 865	757 567	592 190	2 310 013
广东	GUANGDONG	3 282 998	7 935 524	4 007 808	8 859 946
广西	GUANGXI	253 147	964 937	438 031	1 400 826
海南	HAINAN	170 469	1 225 872	258 002	1 626 367
重庆	CHONGQING	281 451	2 015 873	528 498	1 531 194
四川	SICHUAN	186 912	1 142 268	242 596	1 630 333
贵州	GUIZHOU	17 883	109 796	29 172	164 510
云南	YUNNAN	204 311	1 115 778	622 238	1 984 578
西藏	TIBET	2 969	18 644	12 226	72 102
陕西	SHAANXI	138 453	996 860	488 676	1 054 538
甘肃	GANSU	11 984	59 634	26 362	87 909
青海	QINGHAI	1 349	10 184	4 724	24 774
宁夏	NINGXIA	16	128	9 694	29 291
新疆	XINJIANG	88 614	395 950	100 446	437 339

7-3 2008年旅行社组团、接待国内旅游者情况
DOMESTIC TOURISTS ORGANIZED AND RECEIVED BY TRAVEL AGENCIES 2008

单 位：人、人天
UNIT：PERSON、NIGHT

地区 LOCALITY		组团 ORGANIZED		接待 RECEIVED	
		人数 PERSONS	人天数 NIGHTS	人数 PERSONS	人天数 NIGHTS
总计	**TOTAL**	**85 410 698**	**254 139 868**	**104 404 510**	**229 509 600**
北京	BEIJING	3 995 966	16 505 897	3 042 243	11 952 549
天津	TIANJIN	1 656 128	4 598 064	764 981	1 165 353
河北	HEBEI	1 905 753	5 923 281	1 190 899	3 937 093
山西	SHANXI	939 627	3 599 609	1 456 540	4 525 976
内蒙古	INNER MONGOLIA	312 536	1 840 845	394 557	1 212 622
辽宁	LIAONING	4 316 484	17 070 141	5 175 550	13 723 933
吉林	JILIN	613 431	2 198 725	1 260 088	3 381 223
黑龙江	HEILONGJIANG	835 286	3 564 085	953 948	2 900 031
上海	SHANGHAI	9 756 719	25 265 198	7 676 383	15 281 052
江苏	JIANGSU	8 925 187	20 407 598	12 616 019	16 906 802
浙江	ZHEJIANG	10 205 125	27 016 366	11 887 350	21 983 602
安徽	ANHUI	2 294 551	6 667 056	3 687 659	7 661 173
福建	FUJIAN	1 807 539	5 502 454	4 223 983	8 995 155
江西	JIANGXI	2 246 936	4 367 254	2 283 264	5 845 701
山东	SHANDONG	4 996 836	17 198 623	5 269 777	13 429 145
河南	HENAN	2 400 261	6 301 365	2 987 942	4 627 646
湖北	HUBEI	2 317 607	7 299 084	2 466 710	3 058 849
湖南	HUNAN	2 109 764	7 788 675	2 766 068	8 175 422
广东	GUANGDONG	16 271 912	36 656 753	15 766 900	24 932 230
广西	GUANGXI	1 104 993	4 292 634	2 929 460	9 396 922
海南	HAINAN	379 191	1 840 138	2 068 786	8 662 289
重庆	CHONGQING	1 298 144	4 927 403	1 854 277	3 341 445
四川	SICHUAN	1 573 307	6 132 756	2 357 863	8 062 026
贵州	GUIZHOU	412 197	1 196 216	518 008	1 221 202
云南	YUNNAN	1 353 490	8 683 895	6 526 740	16 548 662
西藏	TIBET	4 060	34 476	19 867	93 109
陕西	SHAANXI	767 527	3 893 987	974 322	4 390 707
甘肃	GANSU	243 726	1 263 493	348 184	889 234
青海	QINGHAI	58 940	351 351	290 911	547 377
宁夏	NINGXIA	117 869	782 835	303 941	802 495
新疆	XINJIANG	189 606	969 611	341 290	1 858 575

7－4 2008年旅行社主要经济指标

MAJOR STATISTICS OF TRAVEL AGENCIES BY LOCALITY 2008

单 位：万元

UNIT：TEN THOUS. RMB ¥

地 区 LOCALITY		营业收入 TOTAL REVENUE	上缴税金 TAX	资产总额 FIXED ASSETS
总 计	**TOTAL**	**16 654 825.85**	**112 896.32**	**5 218 605.90**
北 京	BEIJING	2 816 301.49	21 297.93	1 076 098.77
天 津	TIANJIN	198 899.54	1 550.36	87 787.34
河 北	HEBEI	168 971.09	898.25	65 600.27
山 西	SHANXI	160 182.62	616.87	60 530.67
内蒙古	INNER MONGOLIA	75 681.59	1 177.10	55 445.01
辽 宁	LIAONING	501 323.33	2 762.64	98 474.56
吉 林	JILIN	92 824.31	593.62	43 409.73
黑龙江	HEILONGJIANG	190 352.65	2 687.73	79 948.04
上 海	SHANGHAI	2 493 621.74	13 768.71	658 034.16
江 苏	JIANGSU	1 316 949.68	8 616.47	320 337.00
浙 江	ZHEJIANG	1 296 469.71	8 645.17	294 242.00
安 徽	ANHUI	299 736.85	2 297.60	77 538.27
福 建	FUJIAN	528 250.48	3 171.84	146 154.69
江 西	JIANGXI	239 996.72	2 303.45	76 657.67
山 东	SHANDONG	645 063.39	5 010.03	255 310.47
河 南	HENAN	206 361.65	1 338.13	89 306.22
湖 北	HUBEI	313 056.56	1 732.75	144 017.59
湖 南	HUNAN	390 662.60	1 455.83	59 326.46
广 东	GUANGDONG	2 451 203.05	19 519.35	768 367.40
广 西	GUANGXI	291 824.61	1 455.43	75 706.27
海 南	HAINAN	242 534.75	892.32	68 720.44
重 庆	CHONGQING	309 439.54	1 768.02	73 768.08
四 川	SICHUAN	287 777.17	3 276.99	146 874.90
贵 州	GUIZHOU	73 900.31	275.62	29 857.72
云 南	YUNNAN	611 040.57	3 288.09	153 680.50
西 藏	TIBET	7 659.82	33.09	26 909.84
陕 西	SHAANXI	249 315.03	1 110.37	67 196.14
甘 肃	GANSU	56 244.44	350.72	44 998.64
青 海	QINGHAI	18 912.68	113.60	16 410.75
宁 夏	NINGXIA	29 437.69	127.86	8 153.73
新 疆	XINJIANG	90 830.19	760.38	49 742.57

八、旅游企事业单位基本情况

8. STATISTICS OF TOURISM ENTERPRISES

8－1　2008年旅游业从业人数
BREAKDOWN EMPLOYEES OF TOURISM INDUSTRY 2007

单　位：人
UNIT：PERSON

地　方 LOCALITY		合　计 TOTAL	星级饭店 STAR-RAED HOTEL	旅行社 TRAVEL AGENCY	其　他 OTHERS
总　计	**TOTAL**	**2 721 318**	**1 669 179**	**321 655**	**730 484**
北　京	BEIJING	192 115	140 906	23 858	27 351
天　津	TIANJIN	28 126	19 309	4 326	4 491
河　北	HEBEI	133 105	84 489	10 155	38 461
山　西	SHANXI	102 139	34 593	9 406	58 140
内蒙古	INNER MONGOLIA	35 485	22 461	5 347	7 677
辽　宁	LIAONING	129 621	66 560	11 546	51 515
吉　林	JILIN	30 838	21 364	4 656	4 818
黑龙江	HEILONGJIANG	33 371	23 027	5 682	4 662
上　海	SHANGHAI	127 061	79 240	18 364	29 457
江　苏	JIANGSU	158 641	109 716	19 481	29 444
浙　江	ZHEJIANG	249 471	147 425	23 168	78 878
安　徽	ANHUI	50 231	40 129	10 102	—
福　建	FUJIAN	65 559	52 810	10 822	1 927
江　西	JIANGXI	73 988	28 048	9 228	36 712
山　东	SHANDONG	173 588	113 224	22 272	38 092
河　南	HENAN	50 814	30 158	11 829	8 827
湖　北	HUBEI	91 514	51 379	12 699	27 436
湖　南	HUNAN	114 800	56 890	11 060	46 850
广　东	GUANGDONG	293 473	180 288	32 827	80 358
广　西	GUANGXI	76 816	46 462	7 918	22 436
海　南	HAINAN	46 363	33 225	5 557	7 581
重　庆	CHONGQING	49 714	38 678	5 098	5 938
四　川	SICHUAN	94 249	57 577	11 501	25 171
贵　州	GUIZHOU	34 081	20 936	3 071	10 074
云　南	YUNNAN	97 932	48 653	12 258	37 021
西　藏	TIBET	7 079	5 671	997	411
陕　西	SHAANXI	48 899	41 092	7 807	—
甘　肃	GANSU	58 580	23 246	3 738	31 596
青　海	QINGHAI	7 605	4 586	1 744	1 275
宁　夏	NINGXIA	14 434	10 099	947	3 388
新　疆	XINJIANG	51 626	36 938	4 191	10 497

资料来源：国家旅游局，国家统计局
SOURCE：NATIONAL TOURISM ADMINISTRATION OF CHINA，STATE STATISTICAL BUREAU

8－2　2008年全国旅游院校基本情况

MAJOR STATISTICS OF TOURISM SCHOOLS & COLLEGES 2008

地　区 LOCALITY	旅游院校数(所) NUMBER OF TOURISM SCHOOLS AND COLLEGES			旅游院校学生数(人) NUMBER OF STUDENTS AT TOURISM SCHOOLS AND COLLEGES		
	总　计 TOTAL	* 高等院校 INSTITUTES OF HIGHER EDUCATION	** 中等职业学校 SECONDARY VOCATIONAL SCHOOLS	总　计 TOTAL	* 高等院校 INSTITUTES OF HIGHER EDUCATION	** 中等职业学校 SECONDARY VOCATIONAL SCHOOLS
总　计　TOTAL	**1 775**	**810**	**965**	**844 604**	**440 038**	**404 566**
北　京　BEIJING	57	20	37	22 121	4 123	17 998
天　津　TIANJIN	28	18	10	9 184	6 325	2 859
河　北　HEIBEI	55	35	20	17 107	13 405	3 702
山　西　SHANXI	47	30	17	19 440	12 228	7 212
内蒙古　INNER MONGOLIA	9	5	4	3 368	2 790	578
辽　宁　LIAONING	63	25	38	43 394	28 772	14 622
吉　林　JILIN	21	14	7	7 363	6 151	1 212
黑龙江　HEILONGJIANG	50	28	22	15 947	11 083	4 864
上　海　SHANGHAI	41	23	18	21 526	8 748	12 778
江　苏　JIANGSU	115	85	30	34 019	21 894	12 125
浙　江　ZHEJIANG	112	33	79	49 419	24 670	24 749
安　徽　ANHUI	56	30	26	53 835	32 338	21 497
福　建　FUJIAN	47	32	15	14 356	11 355	3 001
江　西　JIANGXI	49	25	24	25 044	16 616	8 428
山　东　SHANDONG	87	56	31	59 164	43 571	15 593
河　南　HENAN	71	40	31	24 559	9 716	14 843
湖　北　HUBEI	60	31	29	30 139	8 585	21 554
湖　南　HUNAN	84	45	39	45 958	25 703	20 255
广　东　GUANGDONG	89	33	56	59 246	28 006	31 240
广　西　GUANGXI	42	24	18	16 094	16 094	0
海　南　HAINAN	21	12	9	21 115	17 303	3 812
四　川　SICHUAN	75	24	51	29 324	15 483	13 841
重　庆　CHONGQING	391	76	315	160 804	34 136	126 668
贵　州　GUIZHOU	19	11	8	10 983	4 802	6 181
云　南　YUNNAN	12	10	2	15 659	10 009	5 650
西　藏　TIBET	3	2	1	380	250	130
陕　西　SHAANXI	24	11	13	12 011	7 070	4 941
甘　肃　GANSU	20	14	6	19 618	16 170	3 448
青　海　QINGHAI	4	2	2	359	359	0
宁　夏　NINGXIA	7	3	4	977	586	391
新　疆　XINJIANG	16	13	3	2 091	1 697	394

注：*　高等院校指旅游高等院校及开设旅游系(专业)的普通高等院校和成人高等院校。

**　中等职业学校指旅游中等专业学校、旅游职业高中及开设旅游专业的其他中等专业学校、职业高中和技校。

NOTES：*　TOURISM INSTITUTES：TOURISM COLLEGES AND ORDINARY INSTITUTES OF HIGHER EDUCATION WITH TOURISM DEPARTMENTS.

**　SECONDARY VOCATIONAL SCHOOLS：SECONDARY TOURISM PROFESSIONAL SCHOOLS, VOCATIONAL TOURISM HIGH SCHOOLS, TOURISM CLASSES AT OTHER SECONDARY PROFESSIONAL SCHOOL, VOCATIONAL HIGH SCHOOL AND TECHNIC SCHOOL.

附　　录

APPENDIX

旅游统计基本概念和主要指标解释

1. 游客： 指任何为休闲、娱乐、观光、度假、探亲访友、就医疗养、购物、参加会议或从事经济、文化、体育、宗教活动，离开常住国（或常住地）到其他国家（或地方），其连续停留时间不超过12个月，并且在其他国家（或其他地方）的主要目的不是通过所从事的活动获取报酬的人。

游客不包括因工作或学习在两地有规律往返的人。

游客按出游地分为国际游客（即入境游客）和国内游客。按出游时间分为旅游者（过夜游客）和一日游游客（不过夜游客）。

2. 常住国： 指一个人在近一年的大部分时间所居住的国家（或地区）或在这个国家（或地区）只居住了较短的时间，但在12个月内仍将返回的这个国家（或地区）。

3. 常住地： 指一个常住国的居民，在近一年的大部分时间所居住的城镇或在这个城镇只居住了较短的时期，但在12个月内仍将返回的这个城镇。判定一个游客是国际游客还是国内游客不是根据这个游客的国籍而是根据他的常住国或常住地而定。

4. 入境旅游人数： 指报告期内来我国观光、度假、探亲访友、就医疗养、购物、参加会议或从事经济、文化、体育、宗教活动的外国人、港澳台同胞等入境游客。统计时，外国人、港澳台同胞每入境一次统计1人次，即入境旅游人数。

入境旅游人数包括入境（过夜）旅游者和入境一日游游客。

5. 入境（过夜）旅游者： 指入境游客中，在我国旅游住宿设施内至少停留一夜的外国人、华侨、港澳台同胞。

入境（过夜）旅游者不包括下列人员：① 应邀来华访问的政府部长以上官员及其随行人员；② 外国驻华使领馆官员、外交人员以及随行的家庭服务人员和受赡养者；③ 常驻我国一年以上的外国专家、留学生、记者、商务机构人员等；④ 乘坐国际航班过境不需要通过护照检查进入我国口岸的中转旅客；⑤ 边境地区往来的边民；⑥ 回内地（大陆）定居的港澳台同胞；⑦ 已在我国定居的外国人和原已出境又返回在我国定居的外国侨民；⑧ 归国的我国出国人员。

6. 入境一日游游客： 指入境游客中，未在我国旅游住宿设施内过夜的外国人、华侨、港澳台同胞。入境一日游游客应包括乘坐游船、游艇、火车、汽车来华旅游，在车（船）上过夜的游客和机、车、船上乘务人员，但不包括在境外（内）居住而在境内(外)工作,当天往返的港澳同胞和周边国家的边民。

7. 国内游客: 指报告期内在国内观光游览、度假、探亲访友、就医疗养、购物、参加会议或从事经济、文化、体育、宗教活动的本国居民,其出游的目的不是通过所从事的活动谋取报酬。统计时,国内游客按每出游一次统计1人次。国内游客包括国内(过夜)旅游者和国内一日游游客。

8. 国内(过夜)旅游者: 指国内居民离开惯常居住地在境内其他地方的旅游住宿设施内至少停留一夜,最长不超过12个月的国内游客。国内旅游者应包括在我国境内常住一年以上的外国人、港澳台同胞。但不包括到各地巡视工作的部级以上领导、驻外地办事机构的临时工作人员、调遣的武装人员、到外地学习的学生、到基层锻炼的干部、到境内其他地区定居的人员和无固定居住地的无业游民。

9. 国内一日游游客: 指国内居民离开惯常居住地10公里以上,出游时间超过6小时,不足24小时,并未在境内其他地方的旅游住宿设施过夜的国内游客。

10. 国籍: 是指给游客颁发护照(或其他身份文件)的政府所在的国家。

11. 外国人: 指属外国国籍的人,加入外国国籍的中国血统华人也计入外国人。

12. 港澳台同胞: 指居住在我国香港特别行政区、澳门特别行政区和台湾省的中国同胞。

13. 职业: 旅游者在本次旅游前所从事的职业。

14. 出境游客(出境旅游人数): 指我国(大陆)公民因公或因私出境前往其他国家或地区观光、度假、探亲访友、就医疗养、购物、参加会议或从事经济、文化、体育、宗教活动的人数(即出境游客)。统计时,出境游客按每出境一次统计1人次。出境游客包括出境(过夜)旅游者和出境一日游游客。

15. 出境(过夜)旅游者: 指我国大陆居民出境旅游,并在境外其他国家或地区的旅游住宿设施至少停留一夜的游客。

16. 出境一日游游客: 指我国大陆居民出境旅游,在境外停留时间不超过24小时,并未在境外其他国家或地区的旅游住宿设施内过夜的游客。

17. 旅游收入: 游客(入境游客和国内游客)在旅游过程中(由游客或游客的代表为游客)支付的一切旅游支出就是国家(省、区、市)的旅游收入。游客的旅游支出应包括(过夜)旅游者和一日游游客在整个游程中行、游、住、食、购、娱,以及为亲友、家人购买纪念品、礼品等方面的旅游支出,不包括为商业目的购物、购买房、地、车、船等资本性或交易性的投资、馈赠亲友的现金及给公共机构的捐赠。旅游收入包括国际旅游(外汇)收入和国内旅游收入。

18. 国际旅游(外汇)收入： 入境旅游者在中国(大陆)境内旅行、游览过程中用于交通、参观游览、住宿、餐饮、购物、娱乐等全部花费。

19. 国内旅游收入： 指国内旅游者在国内旅行、游览过程中用于交通、参观游览、住宿、餐饮、购物、娱乐等全部花费。

20. 团体入境游客(简称“团队”)： 指参加旅游团(通常采用综合包价、小包价、国际会议、海洋游船、应邀来访及临时组织的旅游团等形式)来中国大陆旅游的入境旅游者及入境一日游游客。

21. 提供单项服务人数： 指未参加旅游团来中国大陆旅游或仅由旅行社办理委托手续(包括接送、预订饭店、订机(车、船)票、导游等服务项目),并按零星价格承办而不参加旅行团的入境旅游者及入境一日游游客。

22. 旅行社外联入境游客人数： 指报告期内旅行社自组外联的入境游客人数,反映旅行社对外招徕的能力。旅行社按以下要求统计外联人数:①国际游客入境后不论其停留时间多少、旅游线路长短,只统计一次;②旅行社只统计本社自主外联团的实到人数,非本社外联,仅由本社接受委托办理签证的人数不包括在内。

23. 旅行社接待入境游客人数： 指报告期内旅行社实际接待的团队及零散入境旅游者和入境一日游游客人数,以反映旅行社的接待工作量。旅行社接待入境游客的人数,既包括本社外联并接待的团队游客,也包括接受其他旅行社委托接待的团队游客。

24. 旅行社外联入境旅游者人天数： 指报告期内旅行社外联的每个入境旅游者在境内实际停留的天数之和。仅委托办理有关手续或提供单项服务的零散入境游客不计算人天。外联一日游游客超过 6 小时的按 1 人天统计。

25. 旅行社接待入境旅游者人天数： 指报告期内旅行社接待的每个入境旅游者在本省、市实际停留的天数之和。仅委托办理有关手续或提供单项服务的零散入境游客不计算人天。

26. 国内旅游组团人数(人天数)： 指报告期内旅行社招徕组织国内团队游客人数(人天数)。组团人数包括国内旅游者人数和国内一日游游客人数。

27. 国内旅游接待人数(人天数)： 指报告期内旅行社接待国内团队游客人数(人天数)。接待人数(人天数)包括本社组团本社接待和外社组团本社接待的国内游客人数(人天数)。

28. 旅游住宿设施(旅馆业)： 指任何定期(或临时)为旅游者提供住宿条件的设施。旅游住宿设施包括星级饭店、宾馆、公寓、旅店、招待所、江河及海洋游船、培训中心、疗养院、度假村、假日营地、私人寓所、家庭住宅的出租客房及亲友提供的免费住宿设施等。

29. 星级饭店： 指已评定星级的饭店。

30. 星级饭店接待人数（人天数）： 指报告期内旅游者在星级饭店住宿的人数（人天数）。不论其住宿夜数多少，每接待一位旅游者只统计一次人数；一个旅游者住宿几夜，相应计算几个人天数。

31. 客房出租率： 指报告期内客房实际出租间天数除以报告期内客房可出租间天数的百分数。其计算公式为：

$$客房出租率(\%)=\frac{\sum 客房实际出租间天数(间天)}{\sum 客房核定出租间天数(间天)}\times 100$$

32. 客房实际平均价格： 指报告期内旅游饭店（宾馆）、公寓、涉外游船实际出租客房、公寓的平均价格。其计算公式为：

客房实际平均价格（元／间天）＝客房收入（元）／客房实际出租间天数（间天）

33. 营业收入： 指企业各项经营业务的收入。饭店（宾馆）、写字楼、公寓、旅店的营业收入（总额），包括客房收入、餐饮收入、商品部收入、车队收入、其他收入等；旅行社的营业收入（总额），包括综合服务收入、组团外联收入、零星服务收入、劳务收入、票务收入、旅游及加项收入、其他收入等；酒楼、餐馆等饮食企业的营业收入包括餐费收入、冷热饮收入、服务收入、其他收入等；从事咨询服务的咨询公司的服务收入，也计入本科目。

旅行社（不论是组团社还是接团社）组织境外旅游者到国内旅游，应以旅行团队离境（或离开本地）时确认营业收入实现；旅行社组织国内旅游者到境外旅游，应以旅行团旅行结束返回时确认营业收入实现；旅行社组织国内旅游者在国内旅游，也应以旅行团旅行结束返回时确认营业收入实现。

旅行社、旅游饭店营业收入不包括本单位直属其他独立核算企业的营业收入。

34. 营业税金及附加（即业务税金及附加）： 指企业与营业收入有关的，应由各项经营业务负担的税金及附加，包括营业税、城市维护建设税及教育费附加等。饭店（宾馆）、公寓、旅店、酒楼、餐馆等企业应按营业收入的一定比例计算缴纳营业税；旅行社应按营业收入净额（营业收入总额扣除代收代付的房费、餐费、交通费等费用）计算缴纳营业税。

35. 经营利润： 指企业经营取得的收入，也可理解是一种毛利润，经营利润等于营业收入减去营业成本、营业费用、营业税金及附加。

36. 营业利润：是利润总额的主要组成部分。指企业经营利润减去管理费用、财务费用后的差额。

37. 利润总额： 指企业在一定时期内实现的盈亏总额，反映企业最终的财务成果。计算公式为：

利润总额=营业利润+补贴收入+投资收益+营业外收入-营业外支出

该指标如小于零,表示亏损。

38. 固定资产原价: 指企业在建造、购置、安装、改建、扩建、技术改造某项固定资产时所支出的全部货币总额。

39. 固定资产净值: 指企业固定资产原价扣除累计折旧后的余额。

40. 年末从业人员: 指年度末由企业支付工资的各类职工(包括正式职工、合同制职工、临时工、计划外用工等)的人数。

41. 企业登记注册类型: 以企业在工商部门登记注册时的企业类型为依据,按国家统计局与国家工商行政管理局联合制定的《关于划分企业登记注册类型的规定》分为:内资企业、港澳台商投资企业、外商投资企业。内资企业包括:国有企业、集体企业、股份合作企业、有限责任公司、股份有限公司、私营企业和其他企业。港澳台商投资企业包括:合资经营企业、合作经营企业、港澳台商独资企业和港澳台商投资股份有限公司。外商投资企业包括:中外合资经营企业、中外合作经营企业、外资(独资)企业、外商投资股份有限公司。

42. 旅游高等院校: 指国家承认学历、开设旅游学院(系、专业)的普通高等院校和成人高等院校。

43. 旅游中等职业学校: 指国家承认学历的旅游中等专业学校、旅游职业中学(高中)及开设旅游专业班的技校和普通中学。

TECHNICAL NOTES

1. **Visitor** – refers to any person who travels to a country (or place) other than that of his or her residence for a period not exceeding 12 months for leisure, entertainment, sightseeing, holiday, visiting relatives or friends, medical care, shopping, meeting, or taking part in economic, cultural, sports or religious activities, where the main purpose of the travel is not for remuneration.

A visitor does not refer to any person who commutes between two places regularly for career or education.

According to the origin of the travel, visitors are classified as international visitors (i. e., inbound visitors) and domestic visitors. According to the length of stay, visitors are classified as tourists (i. e., overnight visitors) and same-day visitors (non-overnight visitors).

2. **Country of Residence** – refers to the country (or region) where a person resides for most of the time over the past year, or for a short period of time but then the person returns within 12 months.

3. **Place of Residence** – refers to the city (or town) where a person resides for most of the time over the past year, or for a short period of time but the person returns within 12 month. The criterion to classify whether a visitor is an international visitor or a domestic visitor is not the person's citizenship, but his or her country of residence or place of residence.

4. **International Visitors (Inbound Visitor Arrivals)** – refer to foreigners or compatriots from Hong Kong, Macao and Taiwan who come to China within the reporting time frame for sightseeing, holiday, visiting friends and relatives, medical care, shopping, meeting, or taking part in economic, cultural, sports or religious activities. Each time of entry is recorded as one time of arrival, and the total sum makes up the inbound visitor arrivals.

Inbound visitor arrivals (international visitors) include inbound (overnight) tourists and inbound same-day visitors.

5. **Inbound (overnight) tourists** – refer to those inbound visitors who stay at least for one night at tourist accommodation establishments in China.

Inbound (overnight) tourists do not include following persons:

(1) Officials of ministerial level or above and their aids and escorts who come to visit China at the invitation of Chinese;

(2) Officials and diplomats of foreign diplomatic missions to China, including their household service people and dependents;

(3) Foreign experts, students, journalists, trade representatives who stay in China over one year;

(4) Transit passengers of international flights without going through Chinese frontier checks;

(5) Border residents;

(6) Compatriots from Hong Kong, Macao and Taiwan who reside in the mainland permanently;

(7) Foreigners who has already become residents in the country or who left the country but has returned to reside in the country;

(8) Chinese nationals who return from foreign countries.

6. **Inbound Same-day Visitors** – refer to those inbound visitors who do not stay overnight in the tourist accommodation establishments. They include visitors, drivers, crewmembers who stay overnight on board of cruise ships, yachts, trains or motor vehicles, but they do not include those compatriots from Hong Kong, Macao and Taiwan and those residents of the bordering countries who reside outside (inside) while work inside (outside) China.

7. **Domestic Visitors** – refer to Chinese nationals who travel within the country within the reporting time frame for sightseeing, holiday, visiting friends and relatives, medical care, meeting, or taking part in economic, cultural, sports or religious activities. Their purposes of travel are not for remuneration from the activities afore mentioned. Each time of their travel is recorded as one person time. Domestic visitors include domestic (overnight) tourists and domestic same-day visitors.

8. **Domestic Tourist** – refers to any residents of the country who leaves his or her usual place of residence and travels to another place within the country and stay at least one night but not exceeding 12 months at the tourist accommodation establishments, where the main purpose of the travel is not for remuneration. Domestic tourists should include those foreigners and compatriots from Hong Kong, Macao and Taiwan who reside in the country over one year; They do not include officials at the ministerial level and above on inspection trips, temporary staff members in the offices

in other cities, military staff mobilized to other areas, students studying in other places of the country, government employees on field training, people who travel to another place to reside, and people without fixed residence.

9. **Domestic Same-day Visitor** – refers to a resident of the country who leaves his or her usual place of residence over 10 kilometers away for over 6 hours but less than 24 hours and does not stay overnight in the tourist accommodation establishments in other places.

10. **Citizenship** – refers to the country where the government issues the passport (or other identification documents) to a visitor.

11. **Foreigners** – refer to persons with foreign citizenship, including Chinese descents who have acquired foreign citizenship.

12. **Compatriots of Hong Kong, Macao and Taiwan** – refer to the Chinese compatriots who reside in Hong Kong Special Administrative Region, Macao Special Administrative Region and Taiwan province.

13. **Occupation** – refers to the occupation a visitor holds before the trip.

14. **Outbound Visitor (outbound departure)** – refers to a Chinese (mainland) citizen who departs from China to a foreign country (or region) for leisure, entertainment, sightseeing, holiday, visiting relatives or friends, medical care, shopping, meeting, or taking part in economic, cultural, sports or religious activities. Each time of departure is recorded as one person time. Outbound visitors include outbound (overnight) tourists and outbound same-day visitors.

15. **Outbound Tourist** – refers to a resident of the mainland who departs the country for travel and stays at least one night at the tourist accommodation establishments in another country or region.

16. **Outbound Same-day Visitor** – refers to a resident of the mainland China who makes an outbound travel for less than 24 hours and does not stay overnight in the tourist accommodation establishments in the country or region.

17. **Tourism Receipts** – all the expenditures made by visitors (inbound visitors and domestic visitors) or by representatives of the visitors in the course of their travel constitute the tourism receipts of a country (province, region, city). Tourism expenditures of visitors should include expenses made by (overnight) tourists and same-day visitors throughout their travel on transport, tours, lodging, food, shopping, entertainment, and souvenirs and gifts for friends and relatives. Tourism expenditures do not include purchases of goods, real estate, house, motor vehicle, water vessel for

commercial purposes, neither include capital nor transactional investments, cash given to friends and relatives, donations to public organizations. Tourism receipts include international tourism (foreign exchange) receipts and domestic tourism receipts.

18. **International Tourism (foreign exchange) Receipts** – refer to the total expenditure made by inbound tourists within the territory of China (the mainland) in their course of travel on transport, tours and sightseeing, lodging, food and beverage, shopping, entertainment and etc.

19. **Domestic Tourism Receipts** – refer to the total expenditure made by domestic tourists within the territory of China (the mainland) in their course of travel on transport, tours and sightseeing, lodging, food and beverage, shopping, entertainment and etc.

20. **Group Inbound Visitors ("Groups" for short)** – refer to inbound tourists and same-day visitors who travel to the mainland China as groups (usually the groups are in the form of all-inclusive packages, small packages, international conferences, cruise liners, invited groups and temporarily organized tourist groups).

21. **Number of Visitors Requiring Individual Services** – refer to inbound tourists and inbound same-day visitors who do not join in tour groups but entrust travel agents to handle travel procedures (including pick-up and seeing-off, hotel booking, ticket reservation, guide service etc). The service charges are based on those for walk-in customers.

22. **Number of Inbound Visitors Liaised by Travel Agencies** – refers to the number of inbound visitors liaised by any travel agency within the reporting time frame. It reflects the sales abilities of travel agencies. Travel agencies are required to record the number of inbound visitors according to: (1) Upon arrival, the entry of international visitors is recorded only once no matter how long they will stay and how long their itineraries are; (2) Travel agencies record only the actual arrival number of visitors liaised by the travel agencies concerned, excluding the number of visitors liaised by other travel agencies but whose visas are processed by the travel agencies concerned.

23. **Number of Inbound Visitors Received by Travel Agencies** – refers to the number of group and independent inbound tourists and inbound same-day visitors actually received by the travel agencies concerned within the reporting time frame. This indicator reflects the work load of travel agencies. It includes not only group visitors liaised and received by the travel agencies concerned but also group visitors

entrusted by other travel agencies.

24. **Number of Days of Inbound Tourists Liaised by Travel Agencies** – refers to the sum of the days of actual stay of each inbound tourist liaised by travel agencies concerned in a given area within the reporting time frame.

25. **Number of Days of Inbound Tourists Received by Travel Agencies** – refers to the sum of the days of actual stay of each inbound tourist received by travel agencies concerned in a given.area within the reporting time frame.

26. **Number of Domestic Group Visitors (Days)** – refer to the number of domestic group visitors (days) liaised by travel agencies within the reporting time frame. They include domestic group tourists (days) and domestic group same-day visitors (days).

27. **Number of Domestic Visitors (Days) Received by Travel Agencies** – refer to the number of domestic group visitors (days) received by travel agencies within the reporting time frame. They include domestic visitors organized and received by the travel agencies concerned and domestic visitors organized by other travel agencies but received by the travel agencies concerned.

28. **Tourist Accommodation Establishments (Hotel Industry)** – refer to all kinds of establishments that can accommodate tourists regularly or temporarily. They include star-rated hotels, apartments, inns, guesthouses, cruise ships and boats, training centers, sanatoriums, holiday resorts, campsites, private dwellings, family rental rooms and lodging facilities provided by relatives and friends.

29. **Star-Rated Hotels** – refer to accommodation establishments which are star-rated.

30. **Number of Tourists (Nights) Received at star-Rated hotels** – refers to the number of tourists (nights) received at Star-Rated hotels within the reporting time frame. No matter how many nights a tourist stays, each tourist is recorded only once. The number of nights a tourist stays at a hotel equals the number of tourist nights.

31. **Room Occupancy Rate** – refers to the number of rooms (nights) actually sold divided by the number of rooms (nights) available within the reporting time frame. The formula is as follows:

$$\text{Room Occupancy Rate (\%)} = \frac{\text{Number of Rooms (Nights) Actually Sold}}{\text{Number of Rooms (nights) available}} \times 100\%$$

32. **Actual Average Room Rate** – refers to the actual average price of rooms of tourist hotels, apartments and cruise ships. The formula goes:

Actual average room rate (Yuan/Room Day) = Room sales (Yuan) / Actual number of rooms sold days.

33. **Business Income** – incomes from business operations of an enterprise. Business income of hotels, office buildings, apartments and inns includes sales from rooms, catering, shopping, transport services and other incomes; Business income of travel agencies includes inclusive service charges, handling charges from organizing groups, odd services, labor service, ticketing service, tours and extra service charges, and other incomes; Business incomes of restaurants includes food and beverage sales, service charges, and other incomes; Incomes of consulting services provided by consultant firms are also recorded under this item.

For travel agencies (organizing companies and reception companies) handling inbound tourists, only the realized business incomes upon the departure of the tourist groups from the country (or local area) should be recorded as their business incomes; For travel agencies handling outbound tourists, only the actual realized incomes upon returning of the tourist groups should be recorded as their business income; For travel agencies handling domestic tourists, only the actual realized incomes upon returning of the tourist groups should be recorded as their business income. The business income of the travel agencies or hotels does not include that of their subsidiary enterprises which have independent accounting.

34. **Business Tax and Additional Levies** – refer to taxes and additional levies related to enterprises' business income, including business tax, urban maintenance and construction tax, and additional education levies. Business tax of hotels, apartments, restaurants should be paid based on a certain percentage of the business income; Business tax of travel agencies should be paid based on a certain percentage of net income.

35. **Operational Revenue** – refers to incomes gained from business operations. It can be understood as one type of gross profit. Operational revenue equals to business income minus business cost, business expenses, business tax and additional levies.

36. **Business Revenue** – is the main body of the gross profit. It refers to operational revenue minus management fees, accounting fees.

37. **Gross Profit** – refers to the balance of total profits and losses within a given period. This indicator reflects the final accounting result. The formula is: Gross profit = business revenue + subsidies income + investment returns + incomes from outside business activities – expenditures outside business activities. If this indicator is small than zero, it stands for loss.

38. **Original Value of Fixed Assets** – refer to the total cash value of the fixed assets of an enterprise when they are set up, purchased, installed, renovated, expanded or technically upgraded.

39. **Net Value of Fixed Assets** – refers to the balance of the original value of fixed assets and accumulated depreciation.

40. **Employment at the End of the Year** – refers to the total number of employees on the payroll at the end of the year. The employees include formal, contract, temporary staff and recruits outside planned employment.

41. **Category of Enterprise at Registration** – According to the categories of enterprises at registration with industrial and commercial registration offices and basing on the "Regulation on Classifying Categories of Enterprises at Registration" formulated by National Statistics Bureau and National Industrial and Commercial Administration Bureau, enterprises are classified into following categories: domestic-invested Enterprises, enterprises with Investment from Hong Kong, Macao, or Taiwan, foreign-invested Enterprises. Domestic-invested enterprises include state-owned enterprises, collective-owned enterprises, share holding co-operative enterprises, limited liability enterprises, limited liability shares enterprises, private enterprises, and other categories of enterprises; Enterprises with investment from Hong Kong, Macao, or Taiwan include joint-venture enterprises, co-operative enterprises, fully-Hong Kong, Macao or Taiwan-invested enterprises, and limited liability shares enterprises with Hong Kong, Macao or Taiwan investment; Foreign invested enterprises include Sino-foreign joint-venture enterprises, Sino-foreign co-operative enterprises, fully foreign invested enterprises, limited liability shares enterprises with foreign investment.

42. **Higher Learning Institutions in Tourism** – refer to ordinary higher learning institutions or adult higher learning institutions which have tourism institutes or department or specialty and which grant state recognized educational certificates.

43. **Technical Schools in Tourism** – refer to tourism technical schools, or tourism professional middle (high) schools, or other technical schools or ordinary middle schools which offer tourism courses and grant state recognized educational certificates.

责任编辑：王　军
责任印制：冯冬青

图书在版编目（CIP）数据

中国旅游统计年鉴．2009：汉英对照/中华人民共和国国家旅游局编．—北京：中国旅游出版社，2009.11
ISBN 978－7－5032－3838－3

Ⅰ．中…　Ⅱ．中…　Ⅲ．旅游业－统计资料－中国－2009－年鉴－汉、英　Ⅳ．F592－66

中国版本图书馆 CIP 数据核字（2009）第 190402 号

书　　名：中国旅游统计年鉴 2009

编　　著：中华人民共和国国家旅游局
出版发行：中国旅游出版社
（北京建国门内大街甲 9 号　邮编：100005）
http：//www.cttp.net.cn　E-mail：cttp@cnta.gov.cn
发行部电话：010－85166507　85166517
排　　版：北京中文天地文化艺术有限公司
经　　销：全国各地新华书店
印　　刷：北京建筑工业印刷厂
版　　次：2009 年 11 月第 1 版　2009 年 11 月第 1 次印刷
开　　本：787 毫米×1092 毫米　1/16
印　　张：10
字　　数：220 千
定　　价：80.00 元
I S B N　978－7－5032－3838－3